田径运动多功能训练和技术诊断项目
(PXM2015_014206_000062)

青少年功能性体能训练指导丛书

垫上功能性组合训练

李建臣　周建梅　谭正则　主编

人民体育出版社

编 委 会 名 单

闫　娟（首都体育学院研究生）
李文冰（海口经济学院）
李幸幸（浙江育英职业技术学院）
李娜娜（首都体育学院研究生）
宋杰峰（首都体育学院研究生）
杨　阳（首都体育学院研究生）
肖欢欢（洛阳职业技术学院）
何瑞华（首都体育学院研究生）
张　凯（首都体育学院研究生）
赵　梦（北京市朝阳区第十六中学）
姚雅美（天津市第五十五中学）
徐　翔（北京市公安局特警总队）
高芳瑞（首都体育学院研究生）
常丽超（首都体育学院研究生）
梁　瑛（江苏大学）
温燕子（北京市第九中学）

前 言

垫上功能性组合训练作为运动功能性训练中一种特殊的训练，能有效地将神经系统和肌肉骨骼系统联系起来，突出神经系统对肌肉骨骼系统的控制，加强神经系统对其他系统的支配。通过拉展紧张的肌肉、增强无力肌肉的肌力和改善全身的健康状况来重新训练身体，使身体更好地适应各种运动，对神经系统控制动作的完成起到积极促进作用。其简便性、实用性和有效性已得到业内人士的充分肯定和赞誉，并且业已展露在国外竞技训练、康复治疗和大众健身等领域。

近年来，垫上功能性组合训练作为现代运动功能性训练的重要组成部分被引入国内，但我国大多数教练员对垫上功能性组合训练的认识尚处于初级阶段。显然垫上功能性组合训练在我国运动训练领域还是一个有待深入研究的课题。由于国内系统介绍专门性垫上功能性组合训练方法和手段的资料较少，而且指导视频也相对匮乏，因此在各个领域中的应用需求尚未得到满足。本书设计了多种利用垫子开展的实用、高效、易学的体能训练方法和手段，为广大读者介绍垫上功能性组合训练的基本原理和体能训练基础知识，以图文并茂的形式介绍各种练习的目的、方法和要求，希望能在体育教学、运动训练、大众健身等领域得以参考与应用。

本书由李建臣、周建梅和张晓萌（北京教科院旧宫实验小学）对全书进行了统一串编定稿，由谭正则设计、构思了示范动作。

由于作者水平有限，书中难免存在不足之处，欢迎广大读者批评指正。

编 者

2016年2月

目　录

理论篇

垫上组合训练概述

垫上功能性组合训练是将神经系统、肌肉骨骼系统联系起来的一种综合训练手段，突出了神经系统对肌肉骨骼系统的控制，也加强了神经系统对其他系统的支配，通过伸展紧张的肌肉、增强无力的肌肉和改善全身心的健康状况来重新训练身体，建立一种新的身体运动模式，使身体更好地适应各种运动，从而对神经系统控制下动作的完成起到了积极促进的作用。

垫上功能性组合训练是一种新的功能性体能训练方法，在运动训练中逐渐受到了运动员和教练员的青睐，随着功能性体能训练的发展，在各类人群中得到了认可。它在田径运动中，对发展肢体协调、核心柱稳定、动作平衡起到了重要的作用，有效地预防了运动员的伤病并提高了运动员的运动成绩。垫上功能性组合训练不仅对田径运动有着良好的作用，实践证明在其他运动中也起到了积极有效的作用。

一、垫上功能性组合训练的理论基础

1. 垫上功能性组合训练的生理学基础分析

垫上功能性组合训练是通过不断地变换肢体的姿势，寻找平衡稳定的一个过程，人体在运动过程中受到外力以及自身的影响时自身的重心会不断地移动变化，通过肌肉收缩和伸张产生的内力控制动作轨迹，维持运动时身体的姿势并寻找平衡点，这是神经对肌肉支配的一个过程，一个人的身体是一个相互联系、相互作用的运动的链条，在完成某个动作模式时，人体必需通过神经调节来保持身体的稳定性以及关节运动的灵活性，从而达到神经系统对身体运动的控制。

本体感受器指位于肌肉、肌腱和关节内的感受器，感受身体在空间运动和位置的变更，向中枢提供信息，以此调控肌肉维持人体稳定性；前庭器官是人体对自身运动状态和头在空间位置的感受器，对维持身体的平衡和稳定性起到了至关重要的作用。在垫上功能性组合训练中，每块骨骼上附着的肌肉都会有固定的位置来维持机体的平衡，在平衡过程中发挥着重要的作用，肌肉间通过神经系统将人体肌肉、骨骼等联系成为一个信息共享的系统，从而实现动作完美的表现以及预防运动损伤的发生。

2. 垫上功能性组合训练的解剖学基础分析

垫上功能性组合训练通过大肌群率先发力带动小肌群的用力，深层刺激小肌肉群，适应运动需要来募集足够的肌肉参与运动。从解剖学意义上来说，人体有 3 个互相垂直的基本面和 3 个基本轴，人体的每个面、每个轴都参与运动，此训练手段将围绕着身体的基本面、基本轴展开运动训练，以达到训练目的。人体的主要关节活动是所有运动的基础，骨骼系统作为身体的主要结构，支撑和保护着整个身体，为身体运动提供杠杆结构。肌肉系统的主要作用是稳定关节、保持身体的姿势，借助骨骼杠杆，产生活动、产生热能，为运动提供能量支持，这些主要的系统是垫上功能性组合训练的解剖学基础。

3. 垫上功能性组合训练的生物力学基础分析

从运动生物力学上来讲，人体无论在什么条件下运动，日常生活中简单的活动也好，竞技运动也好，都离不开强有力的肌肉支持，也离不开核心柱稳定性的保障，核心柱的作用主要表现在肌肉收缩的起动、运动过程中的协调及保持机体重心稳定和身体平衡方面，因此在此功能性训练中，核心区的锻炼是重中之重，并且强调躯干的支柱作用。人体是由多个环节组成的，各个环节链接成一个完整的运动链，在运动过程中，力作用在运动链上，人体的核心区域正处在运动链的枢纽环节，其对机体的技术动作和力量的传递起着至关重要的作用，因此，充分发挥核心柱的稳定性和平衡性十分关键，垫上功能性组合训练对该区域的全面训练和相关能力的训练带来了极大的帮助。

4. 垫上技术动作形成过程

一个完整的技术动作是由单个动作及其要素特殊关联构成，由于动作技能具有迁移性，单个动作的要素间存在各式各样的联系，随着练习次数的增加，相关的神经突触反复应用，刺激阈值逐渐降低，这样，运动员掌握的运动技能就越多，熟练程度就越高，运动员在运动中动作模式越准确，运动技能越高，从而机体在运动中竞技能力或运动能力就提高。垫上功能性组合训练方法中包含着各种各样的动作训练，可通过强化性的练习，达到动作模式自动化的程度。

二、垫上功能性组合训练的功能与作用

1. 防止运动损伤，锻炼运动机能，提高青少年的体质健康

垫上功能性组合训练是一种回归人体本身的练习，现在人

的生活方式已经有悖于人体的发展，青少年长时间地趴在书桌上学习，工作人员长时间伏案办公、对着电脑工作、驾驶以及运动员长时间不正常的训练，导致了肩部僵硬、圆肩、脊柱弯曲、核心部位肌肉松弛、腰伤膝伤等一系列运动损伤的出现和核心肌肉发展失衡造成的各种代偿性损伤的出现，垫上功能性组合训练的模式将身体核心部位的训练贯穿于其中，能够很好地帮助缓解过度紧张的肌肉压力，收紧松弛的肌肉，协调和柔韧身体，减少各种代偿，减除疲劳引起的腰酸背痛，预防腰部疼痛的发生，回归人体自然的本体发展，注重身体肌肉和机能的训练，训练神经调节控制，使全身的运动机能和内在的系统都能得到锻炼。而青少年身体的发展特点很容易在不正确的生活习惯中形成各种健康问题，因此，垫上功能性组合训练将是解决这些问题的良好手段。

2. 发展运动员的各项身体素质，提高核心柱的稳定性

所有运动者、运动员都希望在体育锻炼中表现出好的运动状态，达到好的训练效果，这需要对自己的身体进行有效的素质训练。对运动员比赛成绩起着关键作用的素质包括一般素质和专项素质，这是运动中制胜的关键，垫上功能性组合训练可以根据需要变换训练手段，从而满足运动员的运动需要。而平衡性和协调稳定性在运动员整个身体的运动链中发挥着重要的基础作用，运动员能否充分地发挥运动水平，取决于身体的协调及平衡稳定在运动链中的协调能力，核心柱不稳定会造成大量的能量泄漏和技术代偿，垫上功能性组合训练是在不稳定的状态下寻找平衡点，以达到身体各项素质的训练，尤其是对核心柱的稳定性训练

起到了至关重要的作用。

3. 肌肉再生与运动康复

在运动之前通过垫上功能性组合训练对肌肉进行再生训练，刺激肌肉活性，为准备活动中的牵伸练习做准备，从而达到充分的准备活动，为运动与训练做良好的铺垫，进而防止运动损伤。运动员的损伤是不能够完全靠自然康复就达到康复效果的，而运动过程中又担心或多或少地会对肌肉造成损伤。充分的休息是必不可少的，但是有效的功能训练不仅能够促进严重运动伤病的康复、运动能力的再生，并且不会导致伤病的加重和二次损伤的出现，利用垫上功能性组合训练进行康复能够促进损伤部位的组织重建，加速已有损伤的恢复，又有助于保持各器官系统的良好功能状态，实现功能恢复甚至超过原来的运动能力，能较快地参加正常的体育锻炼或竞技比赛。

4. 与其他训练手段相结合提高训练效果与兴趣

运动员在运动过程中长时间地重复一种运动动作练习，很容易在思想上产生疲劳，从而引起神经疲劳，而垫上功能性组合训练适用于各类不同的人群，它可以与其他训练器材完美地组合来达到训练者的训练目的。垫上功能性组合训练能够有效地激发人们参与体育运动的兴趣，降低体育锻炼的枯燥乏味感，防止神经疲劳的产生。垫上功能性组合训练与哑铃、弹力带、瑞士球、实心球以及其他器械组合训练，能够更好地达到训练效果。

三、垫上功能性组合训练的原则

1. 神经控制肌肉能力培养的原则

很多时候，人们在运动中无法真正地掌控自己的身体，不能很好地主导自己身体的运动，而此时所说的控制就是在整个动作练习中我们的大脑和神经系统能够募集到足够的肌肉，保持正确的动作、动力链排列和适当的力量来适应人体的运动。在垫上功能性组合运动的每一个动作都需要意识来控制运动和力量，从而锻炼了神经对肌肉和骨骼的支配，进而完美地完成动作，达到运动的目的。

2. 专注能力培养的原则

任何运动都需要注意力集中，注意力不集中是运动损伤发生的一个主要原因。在练习当中，集中注意力才能调动身体和所练习的动作匹配，只有专注才能让意识影响运动，从而改变生长发育、运动或训练中肌肉和骨骼的错误排列。改变身体的感觉，达到神经对肌肉的良好支配，只有在训练过程中强调专注能力，才能培养并提高专注能力。

3. 多样化训练手段应用

协调和稳定性是由大脑皮质控制的，单一的动作模式很容易使人产生疲劳，并且进入到神经疲劳的阶段。神经一旦疲劳就很难得到很好的恢复，积极和趣味的训练手段可以避免练习者产生厌倦的情绪，保证练习的效果。在练习中加入趣味的练习方法，可激发练习者的兴趣，达到缓解运动训练中的神经疲劳，保障训练有序有效地进行。

4. 强调技术动作正确性原则

技术就是动作，只有正确的动作才能保障运动在训练过程中发挥良好的技术，从而达到训练所需要的效果，在练习中，应注重练习的质量而不是数量。教练员应在现场全程指导，通过语言、动作等提示来要求练习者，保证练习对神经肌肉系统的刺激效率，正确的技术动作是达到训练效果和防止运动损伤的前提。

5. 循序渐进和适时恢复原则

循序渐进原则的应用要灵活多变，是训练动作由易到难，数量由少至多，强度由小到大逐渐递增的过程，由单一动作过渡到复合动作，循序渐进保证动作的合理完成，达到训练效果。适时恢复原则是在练习当中安排适宜间隔时间，及时消除练习者训练中的疲劳，从而使训练效果得到积累。

四、垫上功能性组合训练和传统的体能训练的区别

垫上功能性组合训练的目的在于适应现代生活，造就健康机体，预防运动损伤，这种功能性组合训练不仅可以强化肌肉、骨骼和关节的灵活性与稳定性，它还灵活多样化，兼顾力

量、协调和平衡能力的发展。垫上功能性组合训练结合了一般素质和专项素质，从真正意义上服务于身体的运动。它特别强调多关节与多方位，回归自然、回归本体感觉的训练，有完整的动力链和动作模式，使身体更少地出现技术代偿，从而达到训练的最优化或身体发育的最优化，可以服务于青少年乃至各年龄段人群和运动员。而传统的体能训练追求的是某块肌肉的力量和体积，以单关节和单肌肉群参与为主，忽略了运动的本质在于整个人体的运动和整个系统的参与。传统体能训练强调大负荷运动，忽略了神经系统对人体的支配，是造成技术代偿及运动损伤的根本原因。

热身篇

热力拉伸

1. 跪立颈部前屈

1

2

3

图 2–1　跪立颈部前屈

动作方法：跪立于垫子上，双腿并拢，上体直立，目视前方，左手自然置于体侧，右手放于头上，慢慢地将头压向胸部，直至后颈有拉伸感，保持 15 ~ 20 秒，换另一侧练习。重复练习 3 ~ 5 组。（图 2–1）

练习肌肉：夹肌、斜方肌。

注意事项：避免头压得太低。

2. 跪立颈部拉伸

图 2–2　跪立颈部拉伸

动作方法：跪立于垫子上，双腿并拢，上体直立，目视前方，左手自然置于体侧，右手抓握左耳，拉动颈部向右，保持 15 ~ 20 秒，换另一侧练习。重复练习 3 ~ 5 组。(图 2–2)

练习肌肉：斜方肌、肩甲提肌、夹肌。

注意事项：上体保持直立，不要耸肩，下颚微收。

3. 跪立肩部拉伸

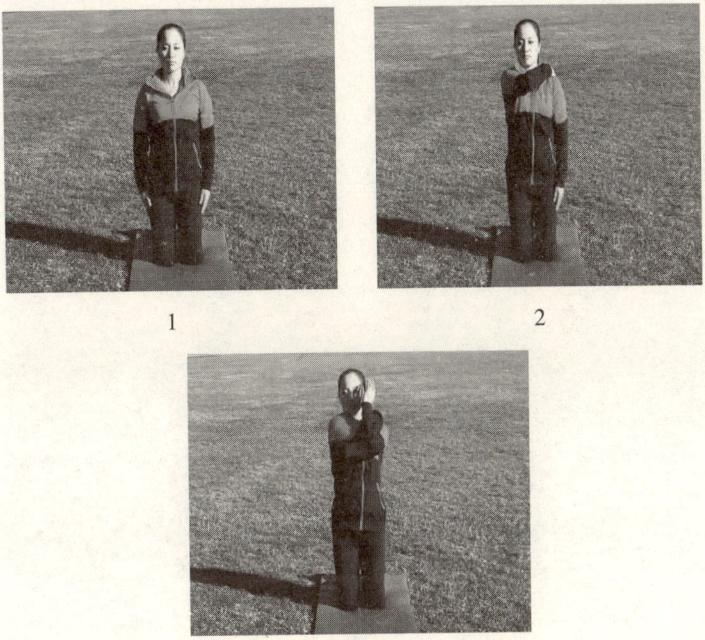

1　　2　　3

图 2–3　跪立肩部拉伸

动作方法：跪立于垫子上，双腿并拢，上体直立，目视前方，右手臂横过胸前，并与地面保持平行，用左手臂把右手肘往左侧的肩膀拉近，保持 5 ~ 10 秒，换另一侧练习。重复练习 3 ~ 5 组。（图 2–3）

练习肌肉：斜方肌、菱形肌、背阔肌、后三角肌。

注意事项：手臂不要弯曲，与地面保持平行。

4. 跪立肩侧拉伸

图 2–4　跪立肩侧拉伸

动作方法：跪立于垫子上，双腿并拢，上体直立，目视前方，右手经头后部拉住左臂肘部，持续地将肘拉向头部，直至手臂下面有拉伸感，保持 15 ~ 20 秒，换另一侧练习。重复练习 3 ~ 5 组。（图 2–4）

练习肌肉：肱三头肌、冈下肌、大圆肌、小圆肌。

注意事项：上体保持直立。

5. 跪立上臂拉伸

1

2

3

图 2–5　跪立上臂拉伸

动作方法：跪立于垫子上，上体保持直立，双腿打开与髋同宽，双手置于背后十指交握，下颚微收，目视前方，肩胛骨用力向内收，手臂向后向上抬高，保持 20 ~ 30 秒。重复练习 3 ~ 5 组。（图 2–5）

练习肌肉：前三角肌、肱三头肌、肱肌。

注意事项：手臂往上抬时，身体不要过分地前倾，注意不要塌腰，收紧腹部。

6. 侧腰的伸展

1

2

3

图 2-6 侧腰的伸展

动作方法：跪立在垫子上，上体保持直立，双腿打开与肩同宽，双手臂高举过头顶，十指交握翻转掌根向上，目视前方，将髋部向左侧推送，上半身向身体的右侧倾斜，感受侧腰的拉伸与延展，保持 20～30 秒，换另一侧练习。重复练习3～5 组。(图 2-6)

练习肌肉：腹外斜肌、腹内斜肌、胸大肌、胸小肌、竖脊肌。

注意事项：保持身体直立，髋部摆正，手臂向斜上方拉伸，手臂内侧需触碰双耳。

7. 跪立肘支撑后坐颤动

1

2

图 2–7　跪立肘支撑后坐颤动拉伸

动作方法：跪立于垫子上，双腿打开与肩同宽，臀部尽量靠近脚后跟，目视前方，两肘支撑，手心朝下。用腰部的力量前后颤动，保持 20 ~ 30 秒，身体前移，利用手臂的力量将身体推立起来，肩膀向下沉，抬头目视前方，保持15 ~ 20 秒。重复练习 3 ~ 5 组。（图 2–7）

练习肌肉：竖脊肌、臀大肌、臀中肌、背阔肌、菱形肌。

注意事项：颈部保持伸直，双手小手指侧触地，肩部、腰部尽量打开。

8. 膝肘支撑后坐颤动

1

2

3

图 2–8 膝肘支撑后坐颤动拉伸

动作方法： 跪立于垫子上，双腿尽量打开膝关节触垫，臀部尽量靠近脚后跟，目视前方，两肘支撑尽量前伸，用腰部的力量前后颤动，保持 20～30 秒，身体前伸手支撑撑起，颈部平直，保持 15 秒。重复练习 3～5 组。（图 2–8）

练习肌肉： 竖脊肌、臀中肌。

注意事项： 手支撑时，腰部尽量放松。

9. 仰卧侧摆腰部旋转

1

2

3

4

图 2–9　仰卧侧摆腰部旋转

动作方法：仰卧于垫子上，两腿屈膝并拢，两手侧平举，大腿与小腿、髋部与大腿之间夹角约 90°，做连续左右转膝 15 ~ 20 次，重复练习 3 ~ 5 组。（图 2–9）

练习肌肉：髂腰肌、腹直肌、腹外斜肌、腹内斜肌、臀大肌、臀中肌。

注意事项：两膝做最大倾斜时，上肢保持不动。

10. 单膝跪地髋关节拉伸

1

2

图 2–10　单膝跪地髋关节拉伸

动作方法：左膝跪于垫子上，右腿成弓步约 90° ，上体直立，两手叉腰，目视前方，向前移动身体的重心，带动髋关节拉伸直至个人最大限度，保持 15 ~ 20 秒，换另一侧练习。重复练习 3 ~ 5 组。（图 2–10）

练习肌肉：臀大肌、臀中肌、臀小肌、髂腰肌、阔筋膜张肌、股直肌。

注意事项：动作时身体保持正直，髋关节矢状面平行。

11. 单膝跪地大腿拉伸

1

2

图 2-11　单膝跪地大腿拉伸

动作方法：左膝跪于垫子上，右脚体前脚跟触地，两手掐腰，目视前方，左腿伸直上体前倾，臀部后移至有拉伸感，保持 15 ~ 20 秒，换另一侧练习。重复练习 3 ~ 5 组。(图2-11)

练习肌肉：股二头肌、髂肌、髂腰肌、股直肌。

注意事项：肩膀和颈部肌肉保持放松，脚尖朝上。

12. 单膝跪地脚支撑转体拉伸

1

2

3

图 2–12　单膝跪地脚支撑转体拉伸

动作方法： 左膝跪于垫子上，右脚体前脚跟触地，两手叉腰，目视前方，左腿伸直上体左侧转体 90° 下压，保持15 ~ 20 秒，换另一侧练习，重复练习 3 ~ 5 组。（图 2–12）

练习肌肉： 股二头肌、股外侧肌、半腱肌。

注意事项： 左腿保持伸直，脚尖朝上。

13. 单膝跪地脚侧支撑拉伸

1

2

3

图 2–13　单膝跪地脚侧支撑拉伸

动作方法：右膝跪于垫子上，左脚体侧脚触地，脚尖朝前，脚心朝下，目视前方，腿伸直上体伸直，两手触地，臀部下压，保持 15 ~ 20 秒，换另一侧练习，重复练习 3 组。(图2–13)

练习肌肉：大腿内侧肌肉。

注意事项：左腿保持伸直，脚尖朝前。

14. 单膝跪撑手握脚背牵伸

1

2

3

图 2–14　单膝跪撑手握脚背牵伸

动作方法：左膝跪于垫子上，右腿成弓步，上体直立，右手扶膝，目视前方，左手握住左脚背，将脚尖朝臀部方向拉伸，直至大腿前肌群有拉伸感为止，保持 15 ~ 20 秒，换另一侧练习，重复练习 3 组。（图 2–14）

练习肌肉：股直肌、股外侧肌、股内侧肌、长收肌、髂腰肌。

注意事项：保持身体正直。

15. 直臂俯卧三点支撑

1

2

3

图 2-15　直臂俯卧三点支撑

动作方法：俯卧于垫上，双手与左脚尖触地，身体与地面保持平行，双手分开与肩同宽，左脚置于右腿膝处，支撑后踩，拉伸小腿后群肌肉，保持 15 ~ 20 秒，换另一侧练习，重复练习 3 组。（图 2-15）

练习肌肉：比目鱼肌、腓骨肌、腓肠肌、胫骨前肌、股直肌、股外侧肌。

注意事项：膝盖和脊柱不要弯曲。

实践篇

垫上功能组合训练

一、核心力量训练

1. 仰卧起坐

1

2

3

图 3–1　仰卧起坐

动作方法：仰卧于垫上，两腿屈膝，双手十字交叉放于头后，做仰卧起坐，慢慢恢复至原始位置，每组 15 ~ 20 个，重复练习 3 ~ 5 组。（图 3–1）

练习肌肉：腹直肌、腹内斜肌、外斜肌、腹横肌。

注意事项：双腿并拢。

2. 直臂直腿仰卧起坐

1

2

3

图 3–2　直臂直腿仰卧起坐

动作方法：仰卧于垫上，两腿直腿并拢，脚尖朝上，双臂向头上伸直，双腿保持不动，抬起双臂和上体，弯曲身体，直至两手碰到双脚，慢慢恢复至原始位置，每组 15 ~ 20 个，重复练习 3 ~ 5 组。（图 3–2）

练习肌肉：腹直肌、腹内斜肌、外斜肌、腹横肌、腰方肌、阔筋膜张肌、臀大肌、臀中肌、臀小肌、股直肌。

注意事项：双腿并拢，上体尽量保持正直。

3. 仰卧交叉腿起坐

1

2

3

图 3–3　仰卧交叉腿起坐

动作方法：仰卧于垫上，两腿屈膝抬起，小腿与地面平行，双手放于脑后，上体抬起，使右肘碰触左膝盖，右腿伸直，缓慢恢复到原位，换另一侧练习，重复练习 3 ~ 5 组。(图 3–3)

练习肌肉：腹直肌、腹内斜肌、外斜肌、腹横肌、股直肌、股内侧肌、缝匠肌、阔筋膜张肌。

注意事项：脖颈伸直，臀部保持稳定。

4. 仰卧屈膝抬手起

1

2

图 3–4　仰卧屈膝抬手起

动作方法：仰卧于垫上，两腿略离开垫子，头、颈、肩离地，两手臂与地面平行，屈膝。双腿向上抬起，上体抬起两臂前伸，指向脚踝方向，保持 10 ~ 15 秒，腿部伸直，上体下躺，慢慢恢复到原始位置，重复练习 3 ~ 5 组。（图 3–4）

练习肌肉：腹直肌、腹内斜肌、外斜肌、腹横肌、阔筋膜张肌、股直肌、股内侧肌、梨状肌、髂肌。

注意事项：臀部保持稳定。

5. “V” 型仰卧起坐

1

2

图 3–5　“V” 型仰卧起坐

动作方法：仰卧于垫上，两腿抬起与地面夹角约 45°，双臂向头上伸直，做仰卧起坐，手伸向脚的方向，并尽量接近脚后，慢慢恢复到原始位置，重复练习 3 ~ 5 组。（图 3–5）

练习肌肉：腹直肌、阔筋膜张肌、股直肌、股内侧肌、股外侧肌。

注意事项：颈部伸直放松，保持身体稳定。

6. 侧卧两头起

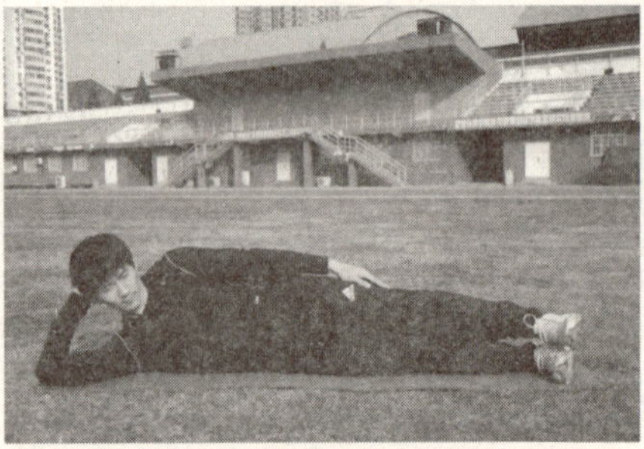

1

2

图 3–6　侧卧两头起

动作方法：右侧卧于垫上，右手放于脑后，左手放在大腿上侧，收紧腹部，双脚抬起离地，抬起头部，肩部和脚同时向上靠近后，恢复到原始位置，重复练习 3 ~ 5 组。（图 3–6）

练习肌肉：腹直肌、腹横肌、外斜肌、腹内斜肌。

注意事项：抬腿的同时腹部收紧。

7. 坐撑旋转腿

1

2

3

图 3–7 坐撑旋转腿

动作方法： 坐立于垫子上，两手体后支撑身体，指尖朝前，双腿并拢抬起约 45°，双腿向身体右侧旋转画圈，保持 15～20 秒，恢复到原始位置，换另一方向练习，重复练习 3～5 组。（图 3–7）

练习肌肉： 阔筋膜张肌、股直肌、股外侧肌、臀大肌、臀中肌、缝匠肌、股内侧肌、长收肌。

注意事项： 移动过程中两腿伸直。

8. 跪立侧俯身抬腿前摆

1

2

图 3–8　跪立侧俯身抬腿前摆

动作方法：跪立于垫子上，右腿向体侧伸直，左腿大腿挺直与臀部成一条直线，双手放在头后，打开双肘，身体缓慢倾斜约 45°，右腿抬起离开地面约与臀部同高，稳定后前摆约 45°，保持 15 ~ 20 秒，恢复到原始位置，换另一方向练习，重复练习 3 ~ 5 组。（图 3–8）

练习肌肉：腹直肌、腹横肌、外斜肌、长收肌、髂腰肌、髂肌、股直肌、臀大肌、股二头肌、股外侧肌。

注意事项：动作过程中上体保持一条直线，腿保持伸直。

9. 跪立侧支撑踢腿

1

2

3

图 3–9　跪立侧支撑踢腿

动作方法：跪立于垫子上，左手体侧支撑于垫上，指尖朝外，右手放于头后，右腿伸直抬起离开地面约与臀部同高，右脚勾脚尖向前踢出约 45°，保持 15 ~ 20 秒向身后伸，绷脚尖保持 15 ~ 20 秒，恢复到原始位置，换另一方向练习，重复练习 3 ~ 5 组。（图 3–9）

练习肌肉：腹直肌、腹横肌、外斜肌、髂肌、髂腰肌、阔筋膜张肌、股直肌、臀大肌、长收肌、缝匠肌。

注意事项：颈、肩、臀保持在同一直线上。

10. 跪撑侧抬腿

1

2

图 3–10　跪撑侧抬腿

动作方法：跪立于垫子上，两手直臂做前支撑，臀部保持不动，抬起右膝向身体右侧直至不能抬起，保持 15 ~ 20 秒，恢复到原始位置，换另一方向练习，重复练习 3 ~ 5 组。(图3–10)

练习肌肉：腹直肌、腹内斜肌、外斜肌、腹横肌、臀大肌、臀中肌、阔筋膜张肌。

注意事项：动作时保持臀部不动。

11. 握拳直臂仰卧起坐

1

2

3

图 3–11　握拳直臂仰卧起坐

动作方法：仰卧于垫上，两手握拳直臂于髋关节前，两膝屈膝脚尖朝前，无支撑做仰卧起坐，持续 15 ~ 20 秒，重复练习 3 ~ 5 组。（图 3–11）

练习肌肉：腹直肌、腹横肌、腹外斜肌、阔筋膜张肌。

注意事项：仰卧起坐过程中上身不要全部接触垫子。

12. 青蛙动作

1

2

图 3–12　青蛙动作

动作方法： 仰卧于垫子上，双臂展开，双腿并拢，稳定后做双臂抱膝曲腿运动，持续 15 ~ 20 秒，重复练习 3 ~ 5 组。(图 3–12)

练习肌肉： 腹直肌、腹横肌、腹外斜肌、阔筋膜张肌、股直肌、股外侧肌。

注意事项： 双腿并拢，身体紧张。

13. 交叉腿仰卧起坐摸对侧前方

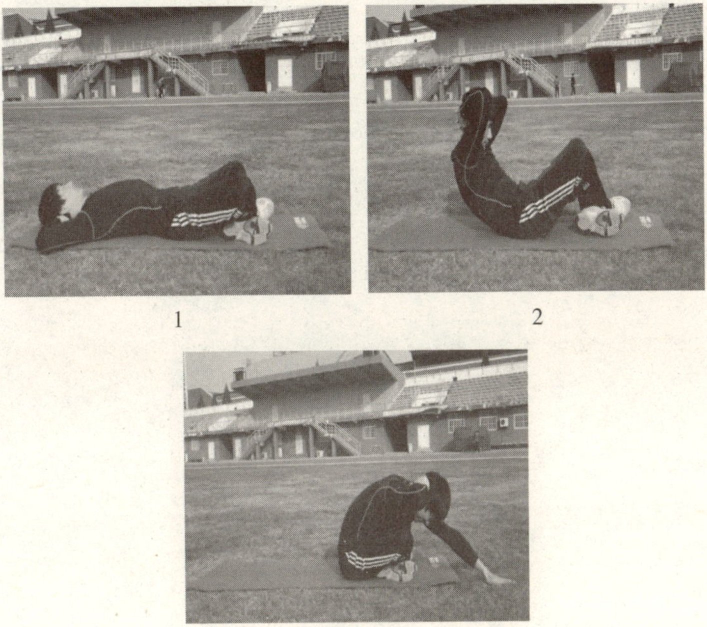

1　　2

3

图 3-13　交叉腿仰卧起坐摸对侧前方

动作方法：仰卧于垫上，双腿小腿盘叉，双手抱头，做仰卧起坐，当身体起来后，一手摸对侧前方，两手交替持续练习 15 ~ 20 秒，重复练习 3 ~ 5 组。（图 3-13）

练习肌肉：腹直肌、腹横肌、腹外斜肌、阔筋膜张肌、背阔肌、臀大肌、斜方肌、竖脊肌。

注意事项：头部与身体保持正直。

14. 剪式打腿练习

1　　2

3

图 3–14　剪式打腿练习

动作方法：仰卧于垫上，双手自然置于体侧，两脚勾脚尖，两腿伸直，右脚踢出约 60°，左脚尽量抬起，两腿交替持续练习 15 ~ 20 秒，重复练习 3 ~ 5 组。（图 3–14）

练习肌肉：腹直肌、腹横肌、腹外斜肌、阔筋膜张肌、股直肌、股外侧肌、半腱肌、半膜肌、臀大肌。

注意事项：双腿尽量绷直。

15. “V”型上滚

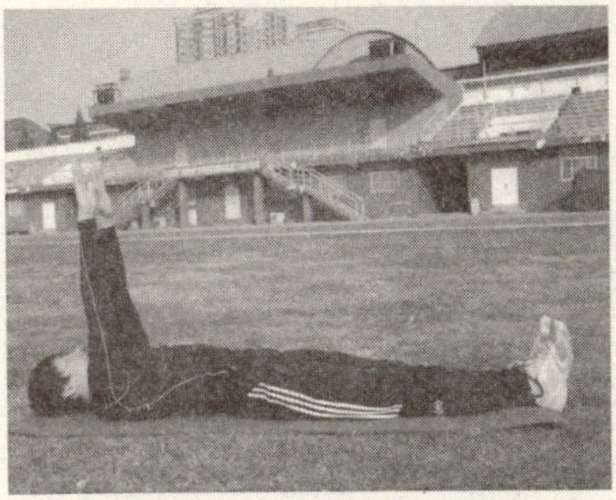

1

2

3

4

图 3–15　“V”型上滚

动作方法：仰卧于垫上，两腿并拢，双手上举对着正上方，仰卧起坐双手触摸到脚尖，躺回去，后背碰到垫子的时候腿抬起，然后做两头起动作，持续练习 15 ~ 20 秒，重复练习 3 ~ 5 组。（图3–15）

练习肌肉：腹直肌、腹内斜肌、股二头肌、股外侧肌、背阔肌。

注意事项：手上举不要超过头部。

16. 爬腿起坐练习

1

2

图 3–16　爬腿起坐练习

动作方法：仰卧于垫上，左脚的脚后跟贴紧臀部，两手自然放于体侧，右脚向上伸直，双手爬到右脚脚尖，保持稳定，持续做 5 ~ 10 个，换另一方向练习，重复练习 3 ~ 5 组。(图3–16)

练习肌肉：腹直肌、腹内斜肌、股二头肌、股外侧肌、背阔肌、缝匠肌、内收长肌。

注意事项：被爬腿伸直，手摸到脚尖。

17. 上体扭转扣地运动

1　2　3　4

图 3–17　上体扭转扣地运动

动作方法：坐于垫上，双手体前十字交叉紧握住，双腿曲腿抬起，以臀部为支撑，身体扭转并紧握的双手扣地，左右交换 30 次，重复练习 3 ~ 5 组。（图 3–17）

练习肌肉：腹直肌、腹内斜肌、股二头肌、股外侧肌、背阔肌、缝匠肌、内收长肌。

注意事项：每次扭转都要扣地，脚不要触地。

18. 俯卧直臂抬腿

1

2

3

图 3-18　俯卧直臂抬腿

动作方法：俯卧于垫上，两手直臂支撑身体，左腿直立脚尖着地，右脚向前屈膝脚尖着地，稳定后，右腿向后伸直，身体向后移动，使右腿、髋、肩在同一条直线上，保持 15 ~ 20 秒，换另一侧练习，重复练习 3 ~ 5 组。（图3-18）

练习肌肉：腹直肌、腹横肌、缝匠肌、外斜肌、股直肌、胫骨前肌。

注意事项：触地手和脚保持触地点不动。

19. 双人扭转提腿

图 3–19　双人扭转提腿

动作方法： 仰卧于垫上，双手握住站立同伴的双脚，双脚并拢向同伴胸部竖起，同伴将脚向左右推动，动作中控制双腿不要触地，持续做 15 ~ 20 个，慢慢恢复至原始位置，重复练习 3 ~ 5 组。（图 3–19）

练习肌肉： 腹直肌、腹斜肌、髂腰肌。

注意事项： 腹部用力，避免双腿触地。

20. 反向弯举

1

2

3

图 3-20　反向弯举

动作方法：两人前后站立，前者慢慢后仰，两手抓住头顶处同伴的脚踝，后者扶住前者的腰背，保持 5 ~ 10 秒，重复 3 ~ 5 组。（图3-20）

练习肌肉：腹直肌、腹外斜肌、臀大肌、臀小肌、臀中肌、背阔肌、斜方肌。

注意事项：动作过程中保持双腿屈膝。

二、核心稳定性训练

1. 仰卧交叉抬腿

1　2　3　4

图 3–21　仰卧交叉抬腿

动作方法：仰卧于垫上，双腿屈膝，脚心朝下，双手放于髋骨处，收腹，向上抬臀，右腿抬起直至膝盖到达最高点，保持 10 ~ 15 秒，缓慢恢复到原位，换另一侧练习，重复练习 3 ~ 5 组。（图 3–21）

练习肌肉：腹直肌、股直肌、阔筋膜张肌、臀大肌、腹横肌、腹内斜肌。

注意事项：动作时收腹，臀部保持不动。

2. 曲臂俯卧三点支撑

1

2

3

图 3–22　曲臂俯卧三点支撑

动作方法：俯卧于垫上，两手曲臂撑地，两脚尖撑地，背与两腿保持伸直在同一平面，右腿慢慢抬起，保持 10 ~ 15 秒，缓慢恢复到原位，换另一侧练习，重复练习 3 ~ 5 组。(图3–22)

练习肌肉：胸大肌、腹直肌、背阔肌、股直肌、股外侧肌、阔筋膜张肌、胫骨前肌、腓骨肌。

3. 跪式直背支撑

1　　2

3

图 3–23　跪式直背支撑

动作方法：跪立于垫上，背部伸直，两膝分开与肩同宽，两臂紧贴于身体两侧，身体后仰，直至无法后仰，保持 5 ~ 10 秒，缓慢恢复到原位，重复练习 3 ~ 5 组。（图 3–23）

练习肌肉：腹直肌、股直肌、大收肌、股中间肌、股内侧肌、阔筋膜张肌、臀大肌。

注意事项：动作过程中，收紧臀部，身体保持伸直。

4. 俯卧直臂抬腿支撑

1

2

3

图 3–24 俯卧直臂抬腿支撑练习

动作方法：俯卧于垫上，双手双脚支撑，慢慢地抬起相反的手臂和大腿，身体平稳不动，保持 15 ~ 20 秒，缓慢恢复到原位，换另一侧练习，重复练习 3 ~ 5 组。（图 3–24）

练习肌肉：臀大肌、股二头肌、臀中肌、三角肌、大收肌、腹直肌。

注意事项：动作缓慢平稳。

5. 侧卧单手支撑摆腿

1 2 3 4

图 3–25 侧卧单手支撑摆腿练习

动作方法：左侧卧于垫上，用左手掌撑住上体，右臂放于右腿上，左脚外侧触地作为支撑，用髋关节的力量使脚跟、臀部、头部形成一条直线，将右侧腿前摆约 60°，保持 5 ~ 10 秒，缓慢恢复到摆前位置后恢复至原位，换另一侧练习，重复练习 3 ~ 5 组。（图 3–25）

练习肌肉：腹直肌、腹内斜肌、外斜肌、大收肌、臀大肌、股直肌、胸大肌、三角肌、肱二头肌、肱三头肌。

6. 仰卧背桥抬腿外摆

1 2 3 4 5

图 3–26 仰卧背桥抬腿外摆练习

动作方法：仰卧于垫上，两臂自然放于身体两侧，双腿屈膝，抬起臀部，使肩、髋、膝在同一直线上，右腿膝关节不动向上抬起使大腿与髋成约 90°，外摆至于身体水平，保持 15 ~ 20 秒，缓慢恢复到原位，换另一侧练习，重复练习 3 ~ 5 组。（图 3–26）

练习肌肉：股内侧肌、股直肌、长收肌、腹直肌、臀大肌、臀中肌、髂腰肌、股中间肌。

注意事项：臀部与躯干保持伸直，动作时膝关节不要超过脚尖。

7. 仰卧手支撑提臀

1

2

3

图 3–27　仰卧手支撑提臀

动作方法：坐于垫子上，两腿平行脚尖朝上，双手两侧撑地，手指朝前，手臂用力将臀部抬起，使肩、髋、膝、踝成一条直线，保持 5 ~ 10 秒，缓慢恢复到原位，换另一侧练习，重复练习 3 ~ 5 组。（图 3–27）

练习肌肉：臀大肌、股直肌、股二头肌、腹直肌、外斜肌、背阔肌、三角肌。

注意事项：动作过程之中，髋关节保持抬起状态。

8. 仰卧抱膝举腿

1

2

3

4

图 3–28　仰卧抱膝举腿

动作方法： 仰卧于垫上，两臂自然放置于身体两侧，两腿屈膝抬起，使小腿水平，大腿与髋约 90° ，两腿伸直，右腿向下，左腿向上，同时双手握住左腿小腿，保持伸直状态 5 ~ 15 秒，缓慢恢复到原位，换另一侧练习，重复练习 3 ~ 5 组。（图 3–28）

练习肌肉： 股二头肌、股直肌、阔筋膜张肌、腹直肌、外斜肌、三角肌。

注意事项： 双腿尽可能伸直。

9. 俯卧游泳

1

2

3

4

图 3–29　俯卧游泳

动作方法：俯卧于垫上，双腿分开与肩同宽，手臂前伸紧贴耳际，同时抬起左臂和右腿进行打水动作，保持 15 ~ 20 秒，缓慢恢复到原位，重复练习 3 ~ 5 组。（图 3–29）

练习肌肉：臀大肌、股二头肌、竖脊肌、腰方肌、菱形肌、背阔肌。

注意事项：动作过程中上体尽可能地抬起。

10. 侧卧举腿

1

2

3

4

图 3–30　侧卧举腿练习

动作方法：左侧卧于垫子上，左膝弯曲，右腿伸直，放在左腿上，左臂弯曲支撑上体，右手放在腰际，用肘关节和膝关节的力量使髋和肩、头形成一条直线，抬起右腿做向上举腿动作，保持 15 ~ 20 秒，缓慢恢复到原位，换另一侧练习，重复练习 3 ~ 5 组。（图 3–30）

练习肌肉：腹直肌、腹内斜肌、外斜肌、髂腰肌、长收肌、臀大肌、臀中肌、股直肌、腰方肌。

11. 侧卧撑接屈腿外展

1　　2　　2

4　　5

图 3–31　侧卧撑接屈腿外展

动作方法：左侧卧于垫上，用左屈肘支撑身体，右手叉腰，两腿伸直，右腿放于左腿上，慢慢向上顶起髋，成肘脚支撑，向前屈膝呈外展动作，保持 15 ~ 20 秒，缓慢恢复到原位，换另一侧练习，重复练习 3 ~ 5 组。（图 3–31）

练习肌肉：腹直肌、腹内斜肌、外斜肌、大收肌、臀大肌、股直肌、胸大肌、三角肌、肱二头肌、肱三头肌、股内侧肌、髂腰肌、股中间肌。

注意事项：上体保持正直，保持稳定。

12. 俯卧对侧两点对接

1　2　3　4

图 3–32　俯卧对侧两点对接练习

动作方法：俯卧于垫上，双手双脚支撑，慢慢地抬起相反的手臂和大腿，使肘和膝对接，身体平稳不动保持 15 ~ 20 秒，缓慢恢复到原位，换另一侧练习，重复练习 3 ~ 5 组。（图 3–32）

练习肌肉：三角肌、腹内斜肌、内收大肌、腹直肌、臀大肌、股直肌、股二头肌、阔筋膜张肌。

注意事项：躯干伸直，髋轴平行，保持稳定。

13. 俯卧同侧两点对接

1

2

3

4

图 3–33 俯卧同侧两点对接练习

动作方法：俯卧于垫上，双手双脚支撑，慢慢地抬起同侧的手臂和大腿，使肘和膝对接，身体平稳不动保持 15 ~ 20 秒，缓慢放下，换另一侧练习，重复练习 3 ~ 5 组。（图 3–33）

练习肌肉：三角肌、腹内斜肌、内收大肌、腹直肌、臀大肌、股直肌、股二头肌、阔筋膜张肌。

注意事项：躯干伸直，髋轴平行，保持稳定。

14. 核心柱稳定旋转

1　　2　　3

图 3–34　核心柱稳定旋转练习

动作方法：坐于垫上，上体直立，两腿伸直略分开，两手侧平举，上体右转至最大限度，身体平稳不动保持 15 ~ 20 秒，换另一侧练习，重复练习 3 ~ 5 组。（图 3–34）

练习肌肉：股直肌、阔筋膜张肌、内收长肌、腹直肌、腹外斜肌、腹横肌。

注意事项：躯干正直，臀部紧贴垫子。

15. 弓步支撑

图 3–35　弓步支撑练习

动作方法：站立于垫上，右脚向前迈出，蹲下，两手放置于右脚两侧，左腿向后移动，保持两腿与臀部在一条直线上，保持 15 ~ 20 秒，换另一侧练习，重复练习 3 ~ 5 组。(图 3–35)

练习肌肉：股直肌、髂腰肌、胫骨后肌、腓肠肌、大收肌、长收肌、股二头肌。

注意事项：避免后腿膝盖触地。

16. 仰卧曲腿摆动

1

2

3

图 3–36　仰卧曲腿摆动练习

动作方法：仰卧于垫上，两臂微屈上举，两腿屈膝抬起，两腿勾脚尖做相对与相向运动，两小腿平行，保持 15 ~ 20 秒，重复练习 3 ~ 5 组。（图 3–36）

练习肌肉：股直肌、腹直肌、腹横肌、内收大肌、内收长肌、股二头肌。

注意事项：收腹，躯干保持稳定。

17. 动态俯卧撑

图 3–37　动态俯卧撑练习

动作方法：俯卧于垫上，手脚触地将身体撑起，做俯卧撑的时候两脚分别左右移动，身体保持平直。每组 5 ~ 10 个，重复练习 3 ~ 5 组。（图 3–37）

练习肌肉：三角肌、胸大肌、斜方肌、腹直肌、背阔肌、股直肌、臀大肌、腓肠肌。

注意事项：身体保持平直。

三、灵活类训练

1. 倒骑脚踏车

1　2　3　4

图 3–38　倒骑脚踏车练习

动作方法：仰卧于垫上，双腿慢慢上举，躯干抬离垫子，肘支撑，手掌支撑住臀部，使双腿伸直，双腿轮换做脚踏车状，持续 15 ~ 20 秒，缓慢恢复至原始位置，换逆向做脚踏车状，重复练习 3 ~ 5 组。（图 3–38）

练习肌肉：股二头肌、股直肌、腹直肌、腹横肌、背阔肌、斜方肌。

注意事项：腰腹用力，保持稳定。

2. 背桥举腿下摆

1

2

3

4

图 3–39　背桥举腿下摆练习

动作方法： 仰卧于垫上，两腿屈膝，与肩同宽，抬高臀部，肘支撑，手掌支撑住臀部，右腿向上伸直，缓慢下降至膝盖高度位置，保持 15 ~ 20 秒，换另一侧练习，重复练习 3 ~ 5 组。（图 3–39）

练习肌肉： 臀大肌、臀中肌、腰方肌、阔筋膜张肌、腹直肌、腹横肌、股二头肌。

注意事项： 颈部放松，保持肩、髋、膝在同一直线上。

3. 侧卧前后踢腿

1

2

3

图 3–40　侧卧前后踢腿

动作方法：侧卧于垫上，右肘与左手触垫支撑，两腿伸直，顶髋使肩、髋、踝在一条直线上。右腿抬起与臀同高，脚尖朝前，伸腿向前踢腿至最大幅度后向后伸展，持续 15 ~ 20 秒，换另一侧练习，重复练习 3 ~ 5 组。（图 3–40）

练习肌肉：臀大肌、臀中肌、臀小肌、股直肌、股二头肌、股内侧肌、腹横肌、腹内斜肌。

注意事项：腿伸直，身体保持稳定。

4. 侧卧腿转圈

1

2

3

4

图 3–41　侧卧腿转圈

动作方法：侧卧于垫上，右臂触垫支撑头部，左手放于体前支撑，两腿伸直，顶髋使肩、髋、踝在一条直线上。右腿抬起与臀同高，脚尖朝前，以髋关节为轴画小圈，持续 15 ~ 20 秒，换另一侧练习，重复练习 3 ~ 5 组。（图 3–41）

练习肌肉：髂腰肌、耻骨肌、缝匠肌、阔筋膜张肌、股直肌。

注意事项：两腿保持伸直。

5. 仰卧双腿圆锥摆

1　2　3　4　5

图 3–42　仰卧双腿圆锥摆

动作方法：仰卧于垫上，两腿向上伸直，两臂自然放于体侧，两腿做圆锥摆，持续 15 ~ 20 秒，换另一方向练习，重复练习 3 ~ 5 组。（图 3–42）

练习肌肉：股直肌、髂腰肌、臀大肌、腹横肌、腹内斜肌、阔筋膜张肌、缝匠肌、髂肌。

注意事项：圆锥直径不宜过大，保持稳定。

6. 仰卧单腿伸直

1

2

图 3–43　仰卧单腿伸直

动作方法：仰卧于垫上，两腿伸直，脚尖朝上，右腿向上伸直，双手握住右脚踝，并向上体方向拉伸，左腿保持伸直，可略离开垫子，保持 15 ~ 20 秒，换另一方向练习，重复练习 3 ~ 5 组。（图 3–43）

练习肌肉：臀大肌、大腿后肌群、腰背肌。

注意事项：动作过程中，头背部及异侧腿始终紧贴于地面。

7. 坐撑直臂扭转

1　　2

3

图 3–44　坐撑直臂扭转

动作方法：坐于垫子上，两腿伸直约 60°，上体直立，两臂侧平举，向右转体，左手向左脚外侧下压，右手臂向后伸展，保持 10 ~ 15 秒，换另一方向练习，重复练习 3 ~ 5 组。(图 3–44)

练习肌肉：背阔肌、腹直肌、臀大肌、臀中肌、股二头肌、三角肌、大圆肌、阔筋膜张肌。

注意事项：臀部始终不离开垫子。

8. 两头交换上抬

1

2

3

图 3-45　两头交换上抬

动作方法：俯卧于垫上，两腿并拢，脚背朝下，脚尖朝后，两臂前举，掌心朝下，两腿尽量向上抬高，保持 5 ~ 10 秒，恢复至原始位置，两臂与胸部尽量抬起，掌心相对，保持 5 ~ 10 秒，恢复至原始位置，重复练习 3 ~ 5 组。（图 3-45）

练习肌肉：斜方肌、背阔肌、三角肌、臀大肌、股二头肌、内收大肌、比目鱼肌、股外侧肌、腹直肌、腹横肌。

注意事项：两手臂高过头顶。

9. 侧扭支撑上举臂

1

2

图 3–46　侧扭支撑上举臂

动作方法：右臀坐于垫上，右手体侧撑地，膝盖向前，两腿微曲，左腿置于右腿上，左臂伸直放于左腿上，顶髋同时伸直左腿并左臂上举贴于耳际，保持 5～10 秒，恢复至原始位置，换另一侧练习，重复练习 3～5 组。（图 3–46）

练习肌肉：腹直肌、腹横肌、腹内斜肌、背阔肌。

注意事项：手臂向上尽量延伸。

10. 俯卧直臂垫上跑蹬

1

2

3

图 3–47　俯卧直臂垫上跑蹬

动作方法：俯卧于垫上，两臂伸直与肩同宽，两手掌撑地，两脚前脚掌撑地，背部挺直，进行垫上跑蹬 15 ~ 20 秒，重复练习 3 ~ 5 组。（图 3–47）

练习肌肉：臀大肌、臀中肌、阔筋膜张肌、股二头肌、股直肌、内收大肌、腓肠肌、腹直肌、腹外斜肌、腰方肌。

注意事项：跑蹬时，保持跑的动作正确。

11. 屈臂跪式单腿摆动

1

2

3

图 3–48　屈臂跪式单腿摆动

动作方法：两膝跪地，两肘撑地，背伸直，右腿向后伸直抬起与身体平行，稳定后向右摆动约 60°　~ 90°　，保持 5 ~ 10 秒，恢复至原始位置，换另一侧练习，重复练习 3 ~ 5 组。（图 3–48）

练习肌肉：臀大肌、臀中肌、阔筋膜张肌、股二头肌、股直肌、内收大肌。

注意事项：髋轴保持不动。

12. 展肩后飞鸟

1

2

图 3–49　展肩后飞鸟

动作方法：俯卧于垫上，双腿伸直，两臂前伸，四指并拢，大拇指朝上，直臂向身体两侧，移动过程中由掌心相对变为掌心朝下，大拇指朝前，继续运动到体侧直至不能继续，移动过程中由掌心朝下变为掌心相背，大拇指朝下，肩外扩，保持 5 ~ 10 秒，恢复至原始位置，重复练习 3 ~ 5 组。（图3–49）

练习肌肉：肩胛肌、胸大肌、菱形肌、腹直肌、腹内斜肌。

注意事项：动作变化过程中，注意手的变化方向，肌肉保持紧张。

13. 坐撑下肢外摆

1

2

图 3-50 坐撑下肢外摆

动作方法： 坐于垫上，双手体侧支撑，屈左腿贴于臀部，右腿绷直略离开垫子，脚背绷直向外摆动，持续 15 ~ 20 秒，换另一侧练习，重复练习 3 ~ 5 组。（图 3-50）

练习肌肉： 股直肌、股外侧阔筋膜张肌、臀大肌、臀中肌、股二头肌、腓肠肌、腹直肌、腹外斜肌、髂腰肌。

注意事项： 摆动腿尽量绷直。

14. 侧卧摆腿

1

2

图 3–51　侧卧摆腿

动作方法：右侧卧于垫子上，右小臂支撑，右腿伸直，左腿绕过右腿屈腿放于左腿前，左手握住左小腿，右脚背绷直做向上摆动 15 次，换另一侧练习，重复练习 3 ~ 5 组。(图3–51)

练习肌肉：股直肌、股外侧阔筋膜张肌、臀大肌、股二头肌。

注意事项：上体保持一条直线。

15. 俯卧肘支撑后交叉腿

1

2

图 3-52　俯卧肘支撑后交叉腿

动作方法： 俯卧于垫上，两手分开，肘关节支撑，背部保持正直，脚尖着地，两腿后交叉，持续 15 ~ 20 次，重复练习 3 ~ 5 组。（图 3-52）

练习肌肉： 腹直肌、腹外斜肌、腹内斜肌、髂腰肌、臀大肌、股二头肌。

注意事项： 腹部和髋部保持紧张，两手保持平衡。

16. 单臂侧支撑转体

1

2

图 3–53　单臂侧支撑转体

动作方法： 侧卧于垫上，右手直臂撑地，左手侧上举，右脚外侧触地，左腿置于右腿之上，身体保持一条直线，利用背部力量支撑转体，两侧交替进行 15 ~ 20 次，重复练习 3 ~ 5 组。（图 3–53）

练习肌肉： 背阔肌、竖脊肌、臀大肌、臀中肌、股二头肌、三角肌。

注意事项： 两腿保持固定，臀部保持平衡。

17. 单腿支撑顶髋

1

2

图 3–54　单腿支撑顶髋

动作方法： 仰卧于垫上，两臂自然放于体侧支撑，左腿屈膝右腿上举，用髋关节向上顶髋，持续 15 ~ 20 次，换另一侧练习，重复练习 3 ~ 5 组。（图 3–54）

练习肌肉： 背阔肌、腰方肌、腹直肌、腹横肌、臀大肌、臀中肌、股二头肌、股直肌。

注意事项： 顶髋后保持肩、髋、膝在同一直线上。

18. 双人仰卧蹬伸

图 3–55　双人仰卧蹬伸

动作方法：两人仰卧于垫上，上体抬起，两臂自然放于体侧，一人双腿伸直，另一人双腿屈膝，双脚相对，屈膝人缓慢蹬伸另一人的双腿，直至最大幅度，保持 5 ~ 10 秒，两人交替进行重复练习 3 ~ 5 组。（图 3–55）

练习肌肉：股二头肌、股四头肌。

注意事项：动作过程中双方都施力，效果更好。

19. 双人仰卧腿交替蹬伸

1

2

图 3–56　双人仰卧腿交替蹬伸

动作方法：两人仰卧于垫上，上体抬起，四脚相对，两手放于体侧保持上体抬起姿势，做两脚交替蹬伸，持续 15 ~ 20 秒，重复 3 ~ 5 组。（图 3–56）

练习肌肉：股二头肌、股四头肌、缝匠肌、髂腰肌、臀大肌、臀小肌、臀中肌。

注意事项：一人腿伸直时，另一人对抗着收腿。

20. 双人背靠起身

1

2

图 3–57　双人背靠起身

动作方法： 两人背对背坐于垫上，双腿屈膝，两脚撑地，双臂体侧挽起，双人用对抗的力量将两人推起，重复 3 ~ 5 组。(图 3–57)

练习肌肉： 股二头肌、股四头肌、缝匠肌、髂腰肌、臀大肌、臀小肌、臀中肌。

注意事项： 两人同时用力。

四、柔韧类训练

1. 单腿背部拉伸

1

2

图 3–58　单腿背部拉伸

动作方法：坐于垫子上，左腿向前伸直，左脚尖回勾，右腿屈膝回收，右脚抵住左大腿内侧，身体向前折叠，手臂抓住脚踝（或脚掌），身体尽量向下，坚持 15 ~ 20 秒，换另一侧练习，重复练习 3 ~ 5 组。（图 3–58）

练习肌肉：股二头肌、内收长肌、内收大肌、股外侧肌、臀大肌、臀中肌、腓肠肌、比目鱼肌。

注意事项：膝盖伸直，脊柱尽量向前延伸。

2. 分腿拉伸

1

2

图 3–59　分腿拉伸

动作方法：坐于垫子上，双腿向两侧分开，到达极限位置，脚尖朝上，上体慢慢地向前向下，在极限位置上坚持15 ~ 20 秒，恢复至原始位置，重复练习 3 ~ 5 组。（图 3–59）

练习肌肉：股内侧肌、股二头肌、内收长肌、内收大肌、臀大肌、腰方肌、背阔肌。

注意事项：膝盖伸直，脚尖朝上。

3. 跪姿侧弯

1

2

图 3–60　跪姿侧弯

动作方法：跪立于垫上，先将右腿向侧伸直，左手臂向上伸展，再将身体向右侧弯，坚持 10 ~ 15 秒，躯干立直，右腿回收，做反方向练习。（图 3–60）

练习肌肉：股二头肌、三角肌、腹横肌、腹直肌、腹外斜肌、腹内斜肌、竖脊肌、背阔肌。

注意事项：躯干面向正前方，髋部向前保持端正。

4. 跪立背弓练习

1　　2　　3

图 3–61　跪立背弓练习

动作方法：跪立于垫上，双膝并拢，双手放于臀部的上方，将髋部前推，上体慢慢地后弯，双手依次去抓握脚踝，坚持 10 ~ 15 秒，双手依次回收到髋部。（图 3–61）

练习肌肉：阔筋膜张肌、三角肌、肱三头肌、髂腰肌、腰方肌、背阔肌、股直肌、股二头肌。

注意事项：髋部前推，大腿要与地面垂直。

5. 坐姿肩部拉伸

1

2

图 3–62　坐姿肩部拉伸

动作方法：坐于垫上，两腿伸直，脚尖朝上，手臂伸直放于体后最大限度，手指朝后，身体向后倾斜，保持 15 ~ 20 秒，重复练习 3 ~ 5 组。（图 3–62）

练习肌肉：胸大肌、胸小肌、三角肌、肱二头肌、背阔肌。

注意事项：身体保持稳定。

6. 坐姿髋部拉伸

1

2

图 3-63　坐姿髋部拉伸

动作方法：坐于垫上，双腿屈膝回收，双脚掌心相对，双手握住脚掌，将双脚尽量地向身体的方向回收，将手肘支撑在膝盖上，身体慢慢前倾，手肘慢慢下压膝盖，向下到极限位置，坚持 10 ~ 15 秒，慢慢立起身体，腿伸直放松。(图3-63)

练习肌肉：股后肌群、臀中肌、臀小肌。

注意事项：循序渐进，不可过分用力。

7. 坐姿侧弯

1

2

3

4

图 3-64　坐姿侧弯

动作方法：盘坐在垫子上，双手交叉放于脑后，脊背立直向上，用右手肘去触碰右膝，坚持 10 ~ 15 秒，慢慢立直躯干，做反方向练习。（图 3-64）

练习肌肉：腹外斜肌、腹内斜肌、股外侧肌。

注意事项：躯干面向正前方，不可拱背塌腰。

8. 前倾髋韧带拉伸

1

2

3

图 3–65　前倾髋韧带拉伸

动作方法：左右腿前后开立站于垫上，右腿下放，腿部前方贴于垫子上，左腿屈膝放于体前，小腿外侧贴于垫子上，大小腿夹角 90°，脚尖朝前，髋关节摆正，双手放于体前，上体前倾贴于垫子上，保持 5 秒，左右换腿，动作相同。（图 3–65）

练习肌肉：臀大肌、臀中肌、臀小肌、股二头肌、内收大肌、股直肌、股外侧肌、腹横肌、腹外斜肌。

注意事项：身体保持正直，髋关节朝前。

9. 直臂侧弯拉伸

1

2

图 3–66　直臂侧弯拉伸

动作方法：坐于垫上，两腿分开，右腿伸直，左腿弯曲，脚背贴地，左手抓住右脚，手臂伸直，上身伸直，右手臂用力拉伸侧腰韧带，保持 20 ~ 25 秒，换另一侧练习，重复练习 3 ~ 5 组。（图 3–66）

练习肌肉：股二头肌、内收大肌、背阔肌、腰方肌、腹外斜肌。

注意事项：两腿尽量打开。

10. 侧卧髋膝拉伸

1

2

图 3–67　侧卧髋膝拉伸

动作方法：侧卧于垫上，头枕于右手臂上，右腿伸直，左腿屈膝，左手抓住左踝，向后拉伸，同时髋部向前顶；保持 20 ~ 25 秒，换另一侧练习，重复练习 3 ~ 5 组。（图 3–67）

练习肌肉：臀中肌、股直肌、腰肌、臀大肌。

注意事项：髋关节、膝关节力度适宜。

11. 俯卧后展腿

1

2

图 3–68 俯卧后展腿

动作方法：俯卧于垫上，两手侧平举，掌心朝下，两腿并拢脚背伸直，右腿抬起转向相反方向约 90°，手臂位置保持不变，保持 20 ~ 25 秒，换另一侧练习，重复练习 3 ~ 5 组。（图 3–68）

练习肌肉：腹直肌、腹横肌、腹外斜肌、腰方肌、背阔肌、阔筋膜张肌、股二头肌、股直肌、内收大肌、内收长肌。

注意事项：上体尽量贴地。

12. 俯卧手脚牵拉

1　　2

3

图 3–69　俯卧手脚牵拉

动作方法：俯卧于垫上，左腿屈膝，右腿伸直，右手抓住左脚踝，左手向前伸展，右手拉伸左腿向上抬起，上体和下肢同时抬起，保持 10 ~ 15 秒，换另一侧练习，重复练习 3 ~ 5 组。（图 3–69）

练习肌肉：臀大肌、臀中肌、臀小肌、股二头肌、内收大肌、内收长肌、大圆肌、肱三头肌、三角肌、腹直肌、腹横肌、腹外斜肌。

注意事项：保持身体平衡。

13. 弓式拉伸

1

2

图 3–70　弓式拉伸

动作方法：俯卧于垫上，两腿屈膝，两手抓住脚踝，两手拉伸两腿向上抬起，上体和下肢同时抬起，保持 10 ~ 15 秒，重复练习 3 ~ 5 组。（图 3–70）

练习肌肉：股直肌、股二头肌、内收大肌、内收长肌、腹直肌、腹横肌、腹外斜肌、阔筋膜张肌、背阔肌、腰方肌。

注意事项：保持身体平衡，拉伸范围适当。

14. 俯卧单腿牵拉

1

2

图 3–71　俯卧单腿牵拉

动作方法：俯卧于垫上，两臂自然放于体侧，两腿伸直，左脚绷直抬起，左手抓住左脚踝，上体抬起用力与腿对抗，保持 10 ~ 15 秒，换另一侧练习，重复练习 3 ~ 5 组。（图 3–71）

练习肌肉：腹直肌、腹横肌、腹外斜肌、股二头肌、股直肌、股外侧肌、阔筋膜张肌、肱三头肌、三角肌。

注意事项：未动作腿紧贴垫子。

15. 犁式背部拉伸

1

2

图 3–72　犁式背部拉伸

动作方法：仰卧于垫上，两腿抬起，两手撑腰，两脚头上触地，两臂放于垫上，保持 10 ~ 15 秒，重复练习 3 ~ 5 组。(图 3–72)

练习肌肉：股二头肌、股直肌、腹直肌、腹横肌、腹外斜肌、腹内斜肌、三角肌。

注意事项：颈部保持不动。

16. 跪立侧弯

1

2

3

图 3–73　跪立侧弯

动作方法：跪立于垫上，臀部坐于腿上，两手扣紧向上，左臀部向左侧坐下，上身侧弯，左手抓住右手腕，尽量侧弯拉伸，保持 10 ~ 15 秒，换另一侧练习，重复练习 3 ~ 5 组。(图3–73)

练习肌肉：背阔肌、前锯肌、腹横肌、腰方肌、腹内斜肌、腹外斜肌、肱三头肌。

注意事项：上体不要前倾。

17. 肘膝对抗转体

1

2

图 3–74　肘膝对抗转体

动作方法：坐立于垫上，左腿屈膝贴地，右脚放于左腿外侧触地，上体正直，两手撑地，左臂弯曲放于右腿外侧，身体尽量保持正直右转，保持 10 ~ 15 秒，换另一侧练习，重复练习 3 ~ 5 组。（图 3–74）

练习肌肉：背阔肌、腹外斜肌、斜方肌、大圆肌、臀大肌、腰方肌、三角肌。

注意事项：臀部紧贴于地面。

18. 双人坐位支腿、直臂拉伸

1

2

图 3–75　双人坐位支腿、直臂拉伸

动作方法：两人对坐于垫上，抬起双腿保持大腿小腿成一条直线，两人双脚全脚掌并拢，两手经体侧相握，两手向后牵拉，两脚用力向前蹬，上体保持直立。（图3–75）

练习肌肉：肱二头肌、肱三头肌、臀大肌、臀中肌、股二头肌、大收肌、髂胫肌。

注意事项：身体保持平衡。

19. 双人背对跪式拉伸

1

2

图 3–76　双人背对跪式拉伸

动作方法：两人背靠背跪在训练垫上，两脚稍微开立，脚掌相贴，两人肩上双手相拉，一人向自己的方向缓慢前倾，另一人不施力，直至最大幅度，保持 5 ~ 10 秒，换另一人进行，重复练习 3 ~ 5 组。（图 3–76）

练习肌肉：髂腰肌、背阔肌、阔筋膜张肌、斜方肌、腹外斜肌。

注意事项：动作缓慢。

延伸篇

垫上与其他器械组合训练

一、结合平衡垫

1. 平衡垫侧卧支撑

1

2

图 4–1　平衡垫侧卧支撑

动作方法：侧卧于垫上，身体成一条直线，平衡垫置于髋下，头部与腿同时向上抬起，一手臂作为支撑，保持 5 ~ 10 秒，左右侧交替进行，重复练习 3 ~ 5 组。（图 4–1）

练习肌肉：腹直肌、腹外斜肌、腹横肌、背阔肌、阔筋膜张肌、臀大肌、臀中肌、臀小肌。

注意事项：保持固定，身体、脚不要晃动。

2. 平衡垫侧支撑

1

2

图 4–2　平衡垫侧支撑

动作方法：右腿跪于平衡垫上，右手臂撑地，左手放脑后，左腿侧平抬起，保持 5 ~ 10 秒，两侧交替进行，重复练习 3 ~ 5 组。（图 4–2）

练习肌肉：股直肌、股二头肌、股外侧肌、内收大肌、臀大肌、臀中肌、臀小肌、腹直肌、背阔肌、腹横肌、腹外斜肌。

注意事项：腿部控制平衡，身体保持挺直。

3. 平衡垫单腿俯卧支撑

1

2

图 4–3　平衡垫单腿俯卧支撑

动作方法： 俯卧于垫上，右手左膝支撑，左膝放于平衡垫上，左手右腿抬起使身体成一条直线，左手握拳大拇指朝上，保持 15 ~ 20 秒；两侧交替进行，重复练习 3 ~ 5 组。（图 4–3）

练习肌肉： 臀大肌、股二头肌、臀中肌、三角肌、股直肌、内收大肌、阔筋膜张肌、腹直肌、腹横肌、腹内斜肌、内收长肌。

注意事项： 腿部控制平衡，身体保持挺直。

4. 平衡垫仰卧支撑

1

2

图 4–4　平衡垫仰卧支撑

动作方法： 仰卧于垫上，两手体后支撑，右腿屈膝，右脚跟放于平衡垫上，左腿伸直，臀部用力，使身体成一条直线，保持 15 秒；两侧交替进行，重复练习 3 ~ 5 组。（图 4–4）

练习肌肉： 臀大肌、臀中肌、腰方肌、阔筋膜张肌、腹直肌、腹横肌、股二头肌、三角肌、肱二头肌。

注意事项： 腿部控制平衡，身体保持挺直。

5. 平衡垫仰卧屈膝直线撑

1

2

图 4–5　平衡垫仰卧屈膝直线撑

动作方法：仰卧，双手自然放于体侧，屈膝，双脚放在平衡垫上，做挺髋练习，使躯干和大腿成直线，保持 15 ~ 20 秒，重复 3 ~ 5 组。（图 4–5）

练习肌肉：臀大肌、臀中肌、腰方肌、阔筋膜张肌、腹直肌、腹横肌、股二头肌、缝匠肌、内收长肌。

注意事项：大腿后群肌肉紧张。

6. 仰卧屈膝直线撑抬腿

1

2

3

图 4–6　仰卧屈膝直线撑抬腿

动作方法：仰卧于垫上，两手臂放于体侧，屈膝、双脚放在平衡垫上，挺髋使躯干和大腿成一条直线，右腿屈膝向躯干靠近直至膝盖到达最高点，保持 10 ~ 15 秒，缓慢恢复至原始位置，两侧交替进行，重复 3 ~ 5 组。（图 4–6）

练习肌肉：臀大肌、臀中肌、腰方肌、阔筋膜张肌、腹直肌、腹横肌、股二头肌、缝匠肌、内收长肌、股外侧肌。

注意事项：保持稳定，腹部肌肉收紧。

7. 平衡垫直线收腿

1

2

3

4

图 4–7 平衡垫直线收腿

动作方法：俯卧于垫上，手臂撑地，双脚放于平衡垫上，身体成直线，收一条腿至腹部呈高抬腿姿势，另一脚在平衡垫上不动，两腿交替做，重复 3 ~ 5 组。（图 4–7）

练习肌肉：臀小肌、臀中肌、三角肌。

注意事项：身体保持直线运动。

8. 平衡垫直线收腿向内转

1

2

3

图 4–8　平衡垫直线收腿向内转

动作方法：俯卧于垫上，手臂撑地，双脚放于平衡垫上，身体成直线，收一条腿至腹部呈高抬腿姿势后髋部转动，从另一条腿交叉伸向内侧至最大程度，另一脚在平衡垫上不动，两腿交替进行，重复 3 ~ 5 组。（图 4–8）

练习肌肉：股二头肌、髂腰肌、腹直肌。

注意事项：身体保持直线运动。

9. 平衡垫直线收腿向外转

1

2

3

图 4–9　平衡垫直线收腿向外转

动作方法：俯卧于垫上，手臂撑地，双脚放于平衡垫上，身体成直线，收一条腿至腹部呈高抬腿姿势后髋部向外侧展至最大程度，另一脚在平衡垫上不动，两腿交替进行，重复 3 ~ 5 组。（图 4–9）

练习肌肉：股二头肌、髂腰肌、腹直肌。

注意事项：身体保持直线运动。

二、结合瑞士球

1. 仰卧夹球腹部拉伸

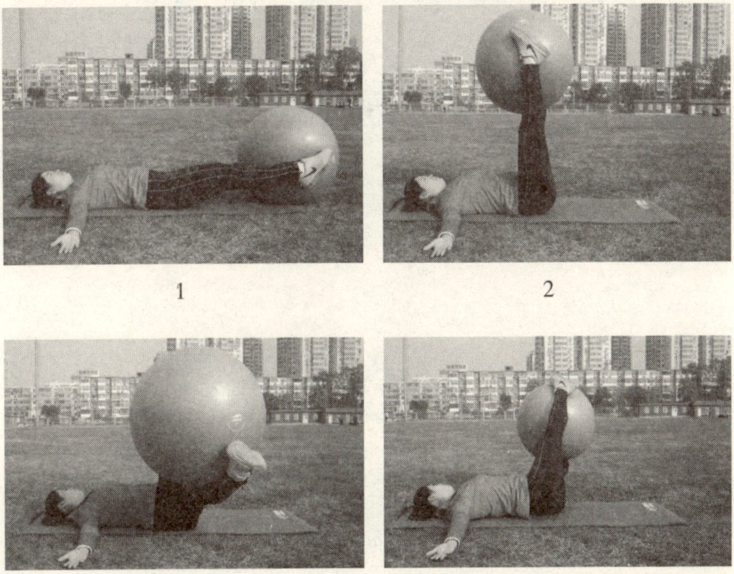

1　2

3　4

图 4–10　仰卧夹球腹部拉伸

动作方法：仰卧于垫上，目视上方，两臂侧平举，两腿夹球，左右摆动，使躯干下部及髋关节左右转动至最大程度还原，向另一侧运动。（图 4–10）

练习肌肉：腹内斜肌、腹外斜肌。

注意事项：保持身体平衡，上体不离开垫子。

2. 仰卧直腿夹球起

1

2

图 4–11　仰卧直腿夹球起

动作方法：仰卧于垫上，两臂颈后交叉，两腿直腿夹球，腿部和腹部发力，夹球收腹至 90° ，放下还原。（图 4–11）

练习肌肉：臀大肌、臀中肌、臀小肌、腹直肌、髂腰肌。

注意事项：腿部肌肉紧张，腹部肌肉收紧，眼睛注视正上方。

3. 双肘球上斜支撑

1

2

图 4–12 双肘球上斜支撑

动作方法：双膝着于垫上，身体前倾撑于球上，双肘向前推球至身体伸展最大程度，保持静力不动，还原。（图 4–12）

练习肌肉：肱三头肌、腹直肌、腰大肌。

注意事项：身体保持直线，背部收紧。

4. 俯卧撑球高抬腿

1

2

图 4-13　俯卧撑球高抬腿

动作方法：两腿并拢，胸部贴于球上，双手撑于垫上，肘部紧贴于瑞士球保持稳定，双腿及腰部发力抬起双腿至伸展最大程度，保持、还原。（图 4-13）

练习肌肉：臀大肌、髂腰肌、指伸肌、背阔肌、三角肌、肱二头肌。

注意事项：身体保持稳定的运动，极限时有人保护，以免摔伤。

5. 俯卧撑异侧抬

1　2　3　4

图 4–14　俯卧撑异侧抬

动作方法：双手撑于垫上，双腿贴于球上，异侧腿和手臂抬起成一条直线，两腿交替进行。（图 4–14）

练习肌肉：臀大肌、髂腰肌。

注意事项：身体保持稳定，背部肌肉紧张，保持固定，手和脚不要晃动。

6. 直线收腿转

1

2

3

图 4–15　直线收腿转

动作方法：双臂撑于垫上，双脚放于球上，身体保持直线，收一条腿至腹部后髋部转动斜向伸出前交叉于外侧最大程度，反方向转动髋部，后交叉于外侧最大程度，还原交替进行。（图 4–15）

练习肌肉：肱二头肌、腹直肌、髂腰肌。

注意事项：身体保持直线，腰部固定，不要晃动。

7. 脚背贴球胸前拉伸

1

2

图 4–16　脚背贴球胸前拉伸

动作方法：双手撑于垫上，双脚置于球上，脚尖触球呈俯卧撑姿势，收复拉球于腹部最大程度，还原。（图 4–16）

练习肌肉：腹直肌、三角肌、臀大肌、肱二头肌。

注意事项：身体保持稳定运动，不要晃动。

8. 仰卧双腿臀后拉伸

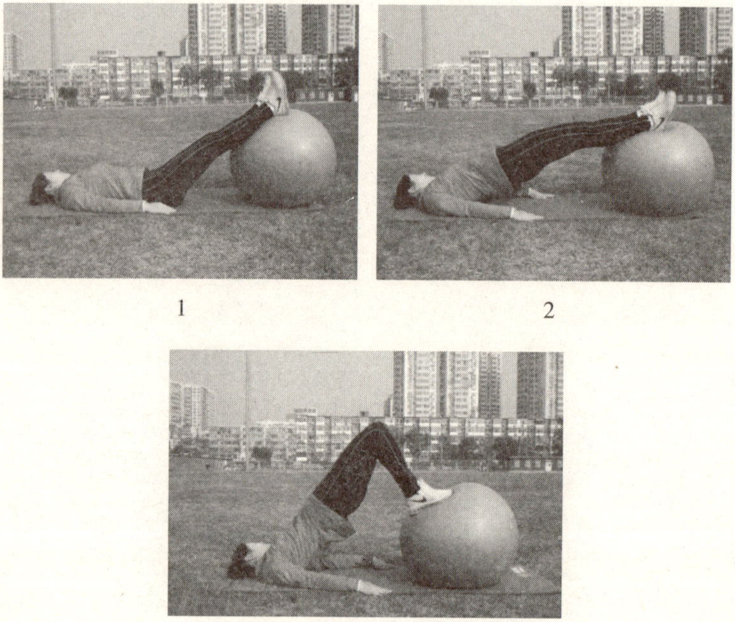

1　　2　　3

图 4–17　仰卧双腿臀后拉伸

动作方法：仰卧于垫上，双腿置于球上，双手放于身体两侧，两腿弯曲向臀部拉球，提臀，使大腿与臀部成一条直线，还原。（图 4–17）

练习肌肉：半腱肌、半膜肌、臀大肌。

注意事项：最大幅度地屈伸。

9. 仰卧双腿撑

1

2

图 4–18　仰卧双腿撑

动作方法：仰卧于垫上，双手侧平举，两腿伸直，两脚置于球上，展腹、挺髋至身体最大程度，全身稳定支撑，还原。(图 4–18)

练习肌肉：臀大肌、髂腰肌。

注意事项：保持身体平衡及稳定。

10. 仰卧单腿顶髋

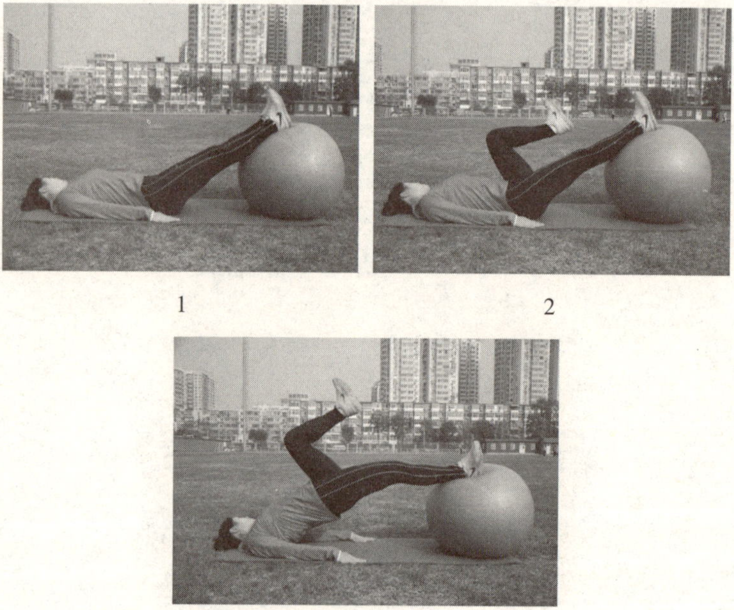

1　　2　　3

图 4–19　仰卧单腿顶髋

动作方法：仰卧于垫上，双手自然放于体侧，两腿伸直，两脚置于球上，左腿屈膝向上抬起，展腹、挺髋至身体最大程度，全身稳定支撑，还原。（图 4–19）

练习肌肉：臀大肌、髂腰肌。

注意事项：保持身体平衡及稳定。

11. 俯卧拱形撑

1

2

图 4–20　俯卧拱形撑

动作方法：两手撑于垫上，两脚尖置于球上，身体呈俯卧撑姿势，脚尖向前拉球，使球向腹部移动，同时抬臀，使臀部置于最高位置，身体呈拱形，放下还原。（图 4–20）

练习肌肉：臀大肌、三角肌、冈上肌、肱三头肌。

注意事项：保持身体稳定，保持背部和臀部发力，身体呈拱形。

三、结合实心球

1. 曲腿交叉收腹

1

2

图 4–21　曲腿交叉收腹

动作方法：仰卧于垫上，两腿屈膝，双脚并拢与地面平行，脚尖朝上，将实心球放于两小腿之间，保持平衡，双手十字交叉放于头后，做仰卧起坐，慢慢恢复至原始位置，每组 10 ~ 15 个，重复练习 3 ~ 5 组。（图 4–21）

练习肌肉：腹直肌、腹内斜肌、外斜肌、腹横肌。

注意事项：双腿并拢，缓慢复原。

2. 仰卧传球

1

2

图 4–22　仰卧传球

动作方法： 仰卧于垫上，两腿屈膝，让同伴从脚前位置将实心球传过来，仰卧者收腹，上身抬起在胸前接球，并将球回传给同伴，持续做 15 ~ 20 个，慢慢恢复至原始位置，重复练习3 ~ 5 组。（图 4–22）

练习肌肉： 腹直肌、腹斜肌、髂腰肌、肩甲肌、三角肌。

注意事项： 臀部和脚保持稳定，注意力集中。

3. 坐撑摇摆

1

2

图 4–23 坐撑摇摆

动作方法：坐于垫上，双腿并拢抬起，双肘着地将上身撑起，将实心球放于两膝盖之间，双腿左右缓慢摆动，并保持球的稳定，左右交换 30 次，重复练习 3 ~ 5 组。（图 4–23）

练习肌肉：腹直肌、腹斜肌、腰方肌、斜方肌、背阔肌。

注意事项：保持双腿高度不变，勾脚尖。

4. 夹球收腹

1

2

图 4–24　夹球收腹

动作方法：坐于垫上，双手触垫直臂支撑，两腿屈膝，两膝夹球离开垫子，做收腹动作，持续 15 ~ 20 秒，重复练习 3 ~ 5 组。（图 4–24）

练习肌肉：腹直肌、腹外斜肌、腹横肌、阔筋膜张肌、股直肌、股二头肌、内收长肌、内收大肌。

注意事项：上体保持稳定。

5. 坐撑转体

1

2

图 4–25　坐撑转体

动作方法：坐于垫上，两腿屈膝，双脚着地，躯干向后仰至自身控制的最大限度，手持实心球，做连续左右转体 15 ~ 20 次，重复练习 3 ~ 5 组。（图 4–25）

练习肌肉：腹直肌、腹内斜肌、腹横肌、腹外斜肌、髂腰肌、腰方肌、背阔肌、斜方肌、三角肌、肱二头肌。

注意事项：每次动作尽量使球触垫。

6. 直腿坐撑转体

1

2

图 4–26　直腿坐撑转体

动作方法：坐于垫上，双脚离垫，两腿伸直，腹肌收紧，臀部触垫，躯干向后仰至自身控制的最大限度，手持实心球，做连续左右转体 15 ~ 20 次，重复练习 3 ~ 5 组。（图 4–26）

练习肌肉：背阔肌、腹直肌、臀大肌、臀中肌、股直肌、股二头肌、三角肌、大圆肌、阔筋膜张肌。

注意事项：双腿保持伸直。

7. 仰撑稳定

1

2

图 4–27　仰撑稳定

动作方法：坐于垫上，手臂体后支撑，指尖朝前，脚跟触地，脚尖朝前，髋关节用力将臀部抬起，使躯干、髋、大腿所成直线与地面平行，将实心球放于两腿之间，保持 15 ~ 20 秒，重复练习 3 ~ 5 组。（图 4–27）

练习肌肉：腹直肌、腹横肌、腹外斜肌、阔筋膜张肌、臀大肌、臀中肌、臀小肌、股直肌、股二头肌、腰方肌、背阔肌。

注意事项：脚尖朝前，避免触地。

8. 仰卧直腿撑球

1

2

图 4–28　仰卧直腿撑球

动作方法：仰卧于垫上，两臂自然放于体侧，双腿并拢，直腿抬起至 90°，勾脚尖，将实心球放于两脚心处，保持 15 ~ 20 秒，重复练习 3 ~ 5 组。（图 4–28）

练习肌肉：臀大肌、臀中肌、臀小肌、阔筋膜张肌、股直肌、股二头肌、内收大肌、内收长肌、股外侧肌。

注意事项：两腿并拢，勾脚尖。

9. 俯卧直臂单腿侧摆

1

2

图 4–29 俯卧直臂单腿侧摆

动作方法：俯卧于垫上，双手双腿支撑，使得躯干部位与地面平行，将实心球放于腰部，慢慢地抬起右腿，向右侧摆动到个人最大限度，保持 15 ~ 20 秒，缓慢放下，换另一侧练习，重复练习 3 ~ 5 组。（图 4–29）

练习肌肉：臀大肌、股二头肌、臀中肌、三角肌、大收肌、腹直肌。

注意事项：动作缓慢平稳，避免球掉落。

10. 直腿仰卧起坐

1

2

图 4–30　直腿仰卧起坐

动作方法：仰卧于垫上，两腿伸直，脚尖朝上，手持实心球，手臂上举，做仰卧起坐，将球放置在双腿一侧，做连续左右交替 15 ~ 20 次，重复练习 3 ~ 5 组。（图 4–30）

练习肌肉：腹直肌、腹内斜肌、外斜肌、腹横肌、腰方肌、阔筋膜张肌、臀大肌、臀中肌、臀小肌、股直肌。

注意事项：双腿保持伸直。

四、结合哑铃训练

1. 收腹提肩

1

2

图 4–31　收腹提肩

动作方法：仰卧于垫上，两腿屈膝，两手握哑铃放于胸前，做仰卧起坐，慢慢恢复至原始位置，每组 10 ~ 15 个，重复练习 3 ~ 5 组。（图 4–31）

练习肌肉：腹直肌、腹内斜肌、外斜肌、腹横肌。

注意事项：双腿并拢，缓慢复原。

2. 哑铃前推举

1

2

3

图 4–32　哑铃前推举

动作方法： 跪撑于垫上，上体保持正直，双手各持一个哑铃，掌心向上，直臂向上推举哑铃，每组 5 ~ 15 个，重复练习 3 ~ 5 组。（图 4–32）

练习肌肉： 三角肌、肱二头肌、大圆肌、斜方肌、竖脊肌。

注意事项： 推举至头顶处，掌心相对。

3. 仰卧直臂上拉

1

2

3

图 4–33　仰卧直臂上拉

动作方法：仰卧于垫上，双腿屈膝，手臂伸直，两手体前内旋虎口处拖住哑铃一端，掌心向上，做直臂上拉动作，直至哑铃触地，持续做 15 ~ 20 个，重复练习 3 ~ 5 组。（图 4–33）

练习肌肉：三角肌、肱二头肌、大圆肌、斜方肌、竖脊肌。

注意事项：身体紧贴垫子，避免胸部抬起。

4. 负重仰卧起坐

1

2

3

图 4–34　负重仰卧起坐

动作方法：仰卧于垫上，双腿屈膝，双手握住一个哑铃放于胸部，腰腹用力，将上半身抬起约 45°，缓慢恢复至原始位置，持续 15 ~ 20 次，重复练习 3 ~ 5 组。（图 4–34）

练习肌肉：腹直肌、腹外斜肌、大圆肌、背阔肌、腰方肌。

注意事项：双脚和臀部始终紧贴垫子。

5. 直臂俯卧三点支撑

1

2

图 4–35　直臂俯卧三点支撑

动作方法：俯卧于垫上，两手臂伸直，手掌撑地，两脚尖撑地、背与两腿保持伸直在同一平面，右手手握哑铃，向右做直臂上拉，持续 10 ~ 15 个，缓慢放下，换另一侧练习，重复练习 3 ~ 5 组。（图 4–35）

练习肌肉：胸大肌、腹直肌、背阔肌、股直肌、股外侧肌、阔筋膜张肌、胫骨前肌、腓骨肌。

注意事项：脊柱与双腿保持在同一平面，动作缓慢进行。

6. 侧跪展腰

1

2

图 4–36　侧跪展腰

动作方法：跪坐于垫上，将臀部坐在右腿外侧的垫子上，左手握住左脚踝，右手手持哑铃高举过头顶，向上伸展手臂，将手臂自右向左压至个人最大限度，保持 10 ~ 15 秒，缓慢恢复至原始位置，换另一侧练习，重复练习 3 ~ 5 组。(图 4–36)

练习肌肉：腹外斜肌、阔筋膜张肌、腹直肌、背阔肌、三角肌、肱二头肌。

7. 跪坐前倾直臂上拉

1 2 3

图 4–37　跪坐前倾直臂上拉

动作方法：跪立于垫子上，双腿尽量打开，膝关节触垫，臀部尽量靠近脚后跟，目视前方，躯干直立前倾，两手握哑铃直臂前伸，用腰部的力量前后颤动，保持 20 ~ 30 秒，重复练习 3 组。（图 4–37）

练习肌肉：臀大肌、臀中肌、臀小肌、背阔肌、竖脊肌、三角肌、肱二头肌。

注意事项：躯干伸直，手臂稳定。

8. 俯卧绷伸

1

2

图 4–38　俯卧绷伸

动作方法：俯卧于垫上，双腿并拢，脚背绷直，额头贴垫，两手握哑铃直臂放于体侧，用脊背的力量使手臂后伸，头部抬起，腹部贴垫，保持 10 ~ 15 秒，重复练习 3 ~ 5 组。（图 4–38）

练习肌肉：背阔肌、腰方肌、斜方肌、竖脊肌、大圆肌、三角肌、肱二头肌、腹直肌。

注意事项：绷紧脚背，头部肌肉放松。

9. 马踏飞燕

1

2

图 4-39　马踏飞燕

动作方法：双腿伸直站立在垫上，双手握哑铃向上伸直，掌心相对，躯干与手臂向前延伸，左腿向后提起，直至左腿和躯干与地面平行，手臂侧平举，掌心向下，保持 10 ~ 15 秒，缓慢恢复至原始位置，换另一侧练习，重复练习 3 ~ 5 组。（图 4-39）

练习肌肉：股直肌、股二头肌、内收长肌、股外侧肌、缝匠肌、股内侧肌、比目鱼肌、腓肠肌、三角肌、肱二头肌、菱形肌。

注意事项：保持平衡，注意安全。

10. 跪姿后伸

1

2

图 4–40　跪姿后伸

动作方法：跪坐于垫上，躯干伸直，两手后背虎口相对，手握哑铃，掌心朝上，眼睛平视前方，缓慢向后伸直，保持 10 ~ 15 秒，缓慢恢复至原始位置，重复练习 3 组。(图 4–40)

练习肌肉：肱二头肌、三角肌、菱形肌、斜方肌、竖脊肌。

注意事项：腰部伸直，避免弯曲。

11. 单膝跪姿臂屈伸

1　2　3　4

图 4–41　单膝跪姿臂屈伸

动作方法：右腿单膝跪立于垫上，左腿成弓步，上体略前倾，腰部和背部保持挺直，右手持哑铃，肘关节向上抬高，慢慢将右小臂向后上方抬起，做臂屈伸练习，持续 15 ~ 20 个，缓慢恢复至原始位置，换另一侧练习、重复 3 ~ 5 组。（图 4–41）

练习肌肉：三角肌、肱二头肌、肱三头肌、大圆肌、小圆肌。

注意事项：肘关节尽量向上抬高，动作过程中大臂保持不动。

12. 俯卧腿屈伸

1

2

3

图 4-42　俯卧腿屈伸

动作方法：俯卧于垫上，两手叠放于下巴处支撑头部，两腿并拢，两脚夹紧哑铃，大腿紧贴垫子，屈膝将双脚离地，直至与地面垂直，持续 15 ~ 20 次，重复 3 ~ 5 组。（图 4-42）

练习肌肉：股二头肌、股外侧肌、比目鱼肌、股直肌、内收大肌。

注意事项：两脚注意夹紧哑铃，慢起慢下。

13. 交替单手单脚起

1

2

3

图 4–43 交替单手单脚起

动作方法：仰卧于垫上，双手各持一个哑铃平放于头顶垫上，双腿并拢伸直，提右脚，摆左臂，头部微抬，保持15～20 秒，缓慢恢复至原始位置，换另一侧进行，重复 3～5 组。（图 4–43）

练习肌肉：腹直肌、腹外斜肌、腹横肌、臀大肌、臀中肌、臀小肌、腰方肌、三角肌、肱二头肌。

注意事项：手臂、臀部保持伸直。

14. 跪姿俯卧撑

1

2

图 4–44　跪姿俯卧撑

动作方法：跪立于垫上，腰背挺直，双手持哑铃放于体前，两臂打开略比肩宽，做俯卧撑 10 ~ 15 次，重复 3 ~ 5 组。(图 4–44)

练习肌肉：胸大肌、三角肌、肱二头肌、背阔肌、大圆肌。

注意事项：臀部不要翘起、背挺直，俯卧时肩尽量比肘低。

五、结合橡皮带

1. 双腿悬空仰卧收腹

1

2

图 4–45　双腿悬空仰卧收腹

动作方法： 仰卧于垫上，大腿、小腿、髋部保持 90°，弹力带环绕于双手手掌与背部，双臂伸直使弹力带呈绷紧状态。身体缓慢向上收腹直至最大限度，然后缓慢恢复至原始位置。（图 4–45）

练习肌肉： 腹直肌、背阔肌。

注意事项： 双臂保持直臂，两腿稳定。

2. 上体悬空双臂直臂前摆

1

2

图 4–46 上体悬空双臂直臂前摆

动作方法：两腿跪立于垫上，上体前倾，弹力带环于双手手掌间，弹力带呈绷紧状态。双臂保持直臂缓慢向前上方摆动至最大幅度，然后缓慢恢复至原始位置。（图 4–46）

练习肌肉：背阔肌、三角肌、肱三头肌。

注意事项：上体保持稳定。

3. 侧桥向上摆腿

1

2

图 4–47　侧桥向上摆腿

动作方法： 侧卧于垫上，一肘支撑上体，双腿伸直，弹力带环绕于双脚脚踝上方，弹力带呈绷紧状态，顶髋使身体在一条直线上，单腿直腿缓慢向上摆动，然后缓慢恢复至原始位置。（图 4–47）

练习肌肉： 腓骨长肌、髂腰肌、股四头肌。

注意事项： 支撑腿保持稳定。

4. 背桥单腿上摆

1

2

图 4–48　背桥单腿上摆

动作方法： 仰卧于垫上，身体呈背桥状态，双腿保持直腿，脚尖与双肘支撑于地面，弹力带环绕于双脚脚踝上方，弹力带呈绷紧状态，抬头。单腿直腿缓慢向上摆动，然后缓慢恢复至原始位置。双腿交替向上摆动。（图 4–48）

练习肌肉： 肱二头肌、腓肠肌、臀大肌。

注意事项： 支撑腿保持稳定。

5. 俯卧撑

1

2

图 4–49　俯卧撑

动作方法：俯卧于垫上，两手手掌紧握弹力带作为支撑点，弹力带呈绷紧状态，手指向前，双臂直臂展开，与肩同宽，头、背部、腰部和臀部呈一条直线。肘部用力，屈臂运动，直至大臂与小臂成 90°，然后缓慢恢复至原始位置。(图 4–49)

练习肌肉：胸肌、肱三头肌、腹部肌肉。

注意事项：弹力带力度适宜。

6. 单膝跪姿向上屈臂摆动

1

2

图 4–50　单膝跪姿向上屈臂摆动

动作方法：弓步于垫上，双手紧握弹力带于体前两侧，弹力带呈绷紧状态，拳心向上，背部挺直，收紧腹部。小臂用力，双臂做向上屈臂摆动，直至小臂与大臂呈最小角度，然后缓慢恢复至原始位置。（图 4–50）

练习肌肉：桡侧腕屈肌腱、肱桡肌、肱二头肌。

注意事项：右腿膝盖垂直面不能超过右脚尖，上体保持直立。

7. 单膝跪姿双臂向上直臂摆动

1

2

图 4-51　单膝跪姿双臂向上直臂摆动

动作方法：弓步于垫上，双手紧握弹力带于体前两侧，弹力带呈绷紧状态，手背向上，背部挺直，收紧腹部。双臂保持直臂向前上方摆动至头部两侧，双臂与身体呈一条直线，然后缓慢恢复至原始位置。（图 4-51）

练习肌肉：肱三头肌、斜方肌。

注意事项：双臂保持直臂，右腿膝盖垂直面不能超过右脚尖，上体保持直立。

8. 单膝跪姿双臂侧平举

1

2

图 4–52　单膝跪姿双臂侧平举

动作方法： 弓步于垫上，双手紧握弹力带于体前两侧，弹力带呈绷紧状态，手背向上，背部挺直，收紧腹部。双臂保持直臂，分别于身体两侧向上摆动至与肩横轴平行，然后缓慢恢复至原始位置。（图 4–52）

练习肌肉： 斜方肌、三角肌、肘肌。

注意事项： 双臂保持直臂，右腿膝盖垂直面不能超过右脚尖，上体保持直立。

9. 单膝跪姿单腿后蹬

1

2

图 4–53　单膝跪姿单腿后蹬

动作方法：跪撑于垫上，两臂直臂支撑于地面，指尖向前，弹力带分别绕过右腿膝盖上方和左脚底，弹力带呈绷紧状态，大腿、髋部、小腿保持 90° 。左腿缓慢做向后蹬伸动作，直至左腿蹬直，然后缓慢恢复至原始位置。（图 4–53）

练习肌肉：臀大肌、趾长伸肌腱、肱二头肌、半腱肌。

注意事项：头部与上体保持一条直线，不能塌腰，左腿蹬伸时，髋不要随之转动。

10. 单膝跪姿髋部外展

1

2

图 4–54　单膝跪姿髋部外展

动作方法：跪撑于垫上，两臂直臂支撑于地面，指尖向前，弹力带分别绕过两腿膝盖上方，弹力带呈绷紧状态，大腿、髋部、小腿保持 90°　。左腿缓慢做外展动作，直至左腿与髋部呈水平状态，然后缓慢恢复至原始位置。（图 4–54）

练习肌肉：髂腰肌、股外侧肌、缝匠肌。

注意事项：头部与上体保持一条直线，不能塌腰，左腿外展时，身体不要随之转动。

六、结合悬吊训练

1. 双肘支撑悬吊单腿外展

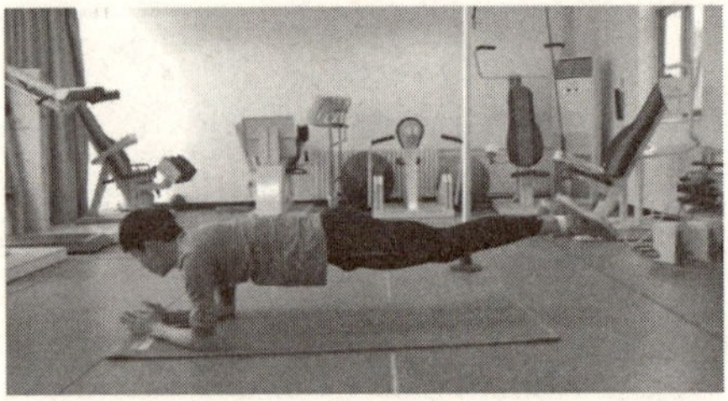

1

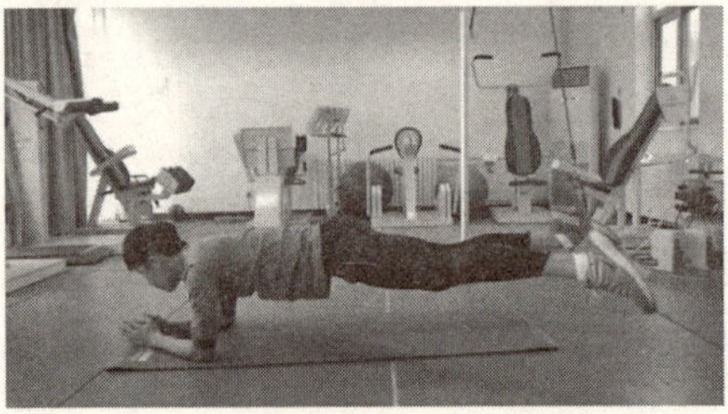

2

图 4–55　双肘支撑悬吊单腿外展

动作方法：俯卧于垫上，将吊环套在一脚脚面，双肘支撑固定，躯体正直，保持身体水平成一条直线，另一侧腿缓慢外展至最大。（图 4–55）

练习肌肉：肱三头肌、髂腰肌、三角肌、臀大肌。

注意事项：整个动作过程缓慢，躯体保持水平，避免塌腰。

2. 悬吊双腿双臂静力支撑

1

2

图 4-56　悬吊双腿双臂静力支撑

动作方法： 俯卧于垫上，将吊环套在双脚脚面。双臂伸直支撑，躯体正直，伸直双腿，两脚并拢。保持身体水平成一条直线，目视前方，缓慢抬起一侧手臂向前水平伸直。（图4-56）

练习肌肉： 竖脊肌、三角肌、股四头肌、肱三头肌、腹内斜肌、腹外斜肌。

注意事项： 整个动作过程缓慢，躯体保持水平，避免塌腰。

3. 悬吊单腿单臂静力支撑

1

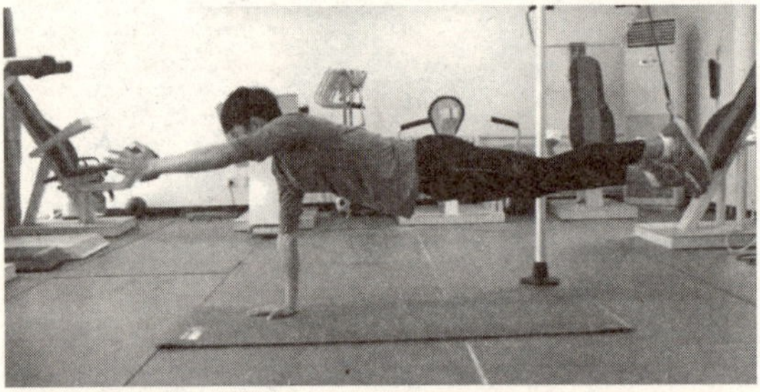

2

图 4–57　悬吊单腿单臂静力支撑

动作方法：俯卧于垫上，将吊环套在一脚脚面。双臂伸直支撑，躯体正直，伸直双腿，两脚并拢。保持身体水平成一条直线，目视前方，缓慢抬起一侧手臂，向前水平伸直，保持30 ~ 45 秒，换另一侧练习，重复 3 ~ 5 组。（图 4–57）

练习肌肉：竖脊肌、多裂肌、股四头肌、肱三头肌、腹内斜肌、腹外斜肌。

注意事项：整个动作过程中，躯体保持水平，避免塌腰。

4. 悬吊双腿单肘静力支撑

1

2

图 4–58　悬吊双腿单肘静力支撑

动作方法：俯卧于垫上，将吊环套于双脚脚面。双臂屈肘支撑，伸直双腿，两脚并拢，躯体正直。保持身体水平成一条直线，目视前方，缓慢抬起一侧手臂向前水平伸直，保持 45 ~ 60 秒，换另一侧练习，重复 3 ~ 5 组。（图 4–58）

练习肌肉：竖脊肌、多裂肌、股四头肌、肱三头肌、腹内斜肌、腹外斜肌。

注意事项：整个动作过程中，躯体保持水平，避免塌腰。

5. 悬吊单腿仰卧上摆

1

2

图 4–59 悬吊单腿仰卧上摆

动作方法：仰卧于垫上，将悬吊环挂于一侧脚跟，双臂紧贴垫子，悬吊腿缓慢屈膝达到直角后保持稳定，提髋，另一腿缓慢上摆约 30° ，保持 5 ~ 10 秒，换另一侧练习，重复 3 ~ 5 组。（图 4–59）

练习肌肉：竖脊肌、半膜肌、股二头肌、腓肠肌、股四头肌。

注意事项：肩部固定，动作腿不外展。

6. 滑轮悬挂俯卧撑

1

2

图 4–60　滑轮悬挂俯卧撑

动作方法：身体前倾，曲臂握悬挂环于胸前，双脚开立，与肩同宽。屈臂下压，身体直立悬挂。缓慢还原动作。重复 3 ~ 5 组。（图 4–60）

练习肌肉：腹直肌、肱二头肌、腹外斜肌、胸大肌。

注意事项：整个动作过程中，双臂均匀发力，躯体保持平直。

7. 悬吊双腿肘支撑收腹

1

2

图 4–61　悬吊双腿肘支撑收腹

动作方法：俯卧于垫上，将悬吊环套住双脚脚面，两肘曲臂支撑，保持身体在一条直线上，脚背紧贴悬吊环，缓慢收腹，保持 5 ~ 10 秒，缓慢恢复至原始位置，重复 3 ~ 5 组。（图 4–61）

练习肌肉：腹直肌、竖脊肌、多裂肌、三角肌。

注意事项：双肘固定，动作过程中双腿伸直后收腹。

整理篇

助力牵拉与再生训练

1. 脊背牵拉

1

2

图 5-1 脊背牵拉

动作方法： 双腿并拢，脚背朝下，跪坐于垫上，两手直臂前伸打开肩宽节，背部尽量伸直，同伴在其侧面，用两小臂在运动员肩部和腰底平行施力辅助其进行腰部牵拉，保持 5 ~ 10 秒，重复 3 ~ 5 组。（图 5-1）

练习肌肉： 竖脊肌、背阔肌、斜方肌、三角肌、臀中肌、背短肌、上后锯肌、下后锯肌、头夹肌、颈夹肌、骶棘肌、横突棘肌、菱形肌。

注意事项： 头部放平，背部伸直。

2. 腰部牵拉

图 5–2　腰部牵拉

动作方法：俯卧于垫上，利用手臂的力量将身体推立起来，肩膀向下沉，髋下沉，抬头目视前方，同伴在其侧面，两手掌重叠，放于运动员腰部施适当力下压辅助其牵拉，保持 5 ~ 10 秒，重复 3 ~ 5 组。（图 5–2）

练习肌肉：竖脊肌、臀大肌、臀中肌、背阔肌、菱形肌、腹内斜肌、腹外斜肌、腰方肌。

注意事项：缓慢施力。

3. 侧腰牵拉

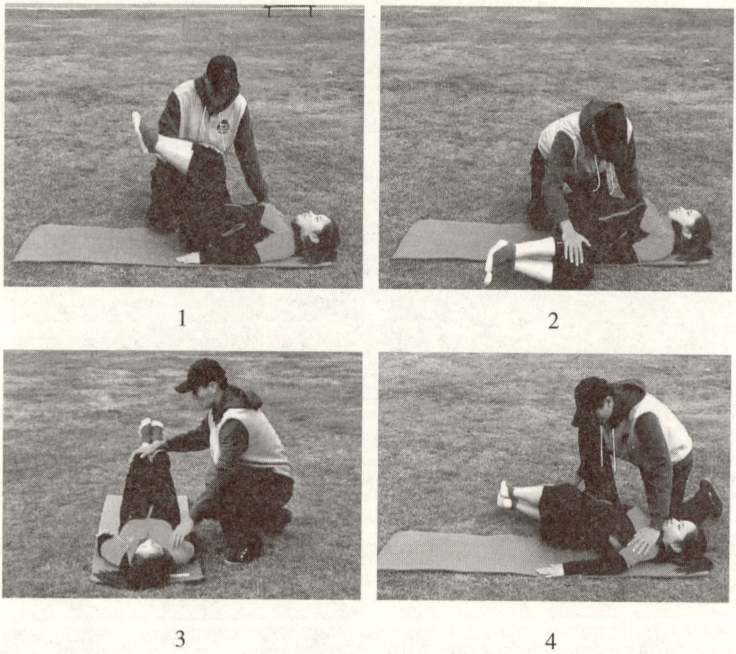

图 5–3　侧腰牵拉

动作方法：仰卧于垫上，两手自然放于体侧，屈膝抬起双腿，躯干与大腿、大腿与小腿各呈 90°，同伴在其体侧，一手控制肩部，一手控制同侧腿膝部，施力两侧牵拉，保持 5～10 秒，换另一侧练习，重复 3～5 组。（图 5–3）

练习肌肉：腹直肌、腹外斜肌、腹内斜肌、臀大肌、臀中肌。

注意事项：运动员两腿略用力，避免两腿分开。

4. 髋部牵拉 1

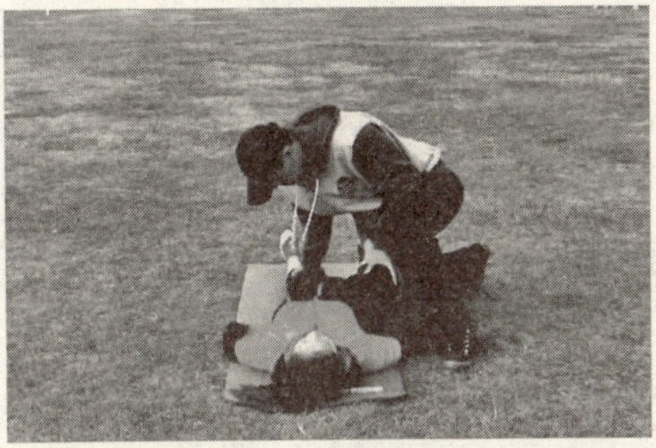

1

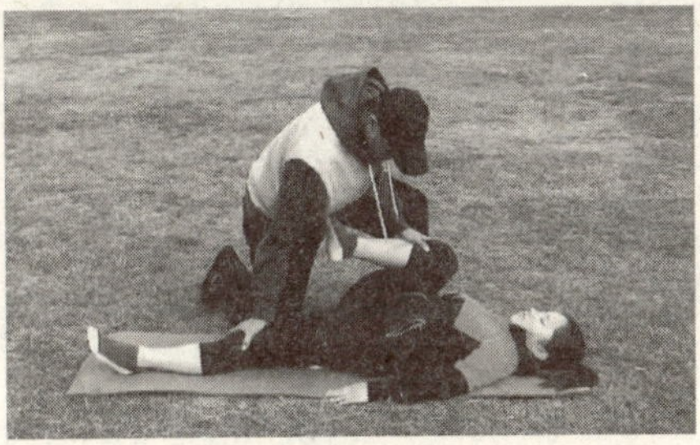

2

图 5–4　髋部牵拉 1

动作方法：仰卧于垫上，两手自然放于体侧，右腿大小腿折叠屈膝，左腿伸直，同伴一只手控制左腿膝盖，一手控制右腿膝盖，向前后施力牵拉直至最大，保持 5 ~ 10 秒，换另一侧练习，重复 3 ~ 5 组。（图 5–4）

练习肌肉：臀大肌、臀小肌、臀中肌、髂腰肌、股二头肌、竖脊肌、股直肌、阔筋膜张肌、缝匠肌、长收肌。

注意事项：左腿伸直。

5. 髋部拉伸 2

1

2

图 5–5　髋部拉伸 2

动作方法：仰卧于垫上，两手自然放于体测，两腿屈膝脚心相对，尽量靠近臀部，同伴在其体前，双手分别控制一侧膝盖向两侧施力牵拉，保持 5 ~ 10 秒，换另一侧练习，重复 3 ~ 5 组。（图 5–5）

练习肌肉：阔筋膜张肌、髂腰肌、缝匠肌、股四头肌。

注意事项：施力时力度控制适度，避免拉伤。

6. 臀部拉伸

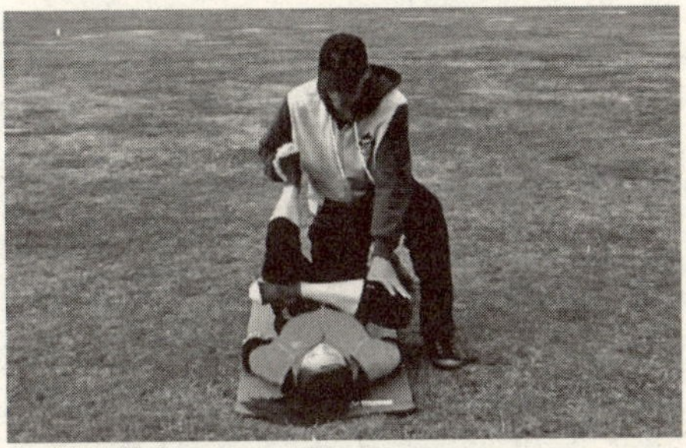

1

2

图 5–6　臀部拉伸

动作方法：仰卧于垫上，右腿屈膝将脚踝外侧放于左腿大腿上部，左腿屈膝折叠，同伴握住其左脚，一手控制右腿，另一手控制左脚向躯干施力至最大，保持 5 ~ 10 秒，换另一侧练习，重复 3 ~ 5 组。（图 5–6）

练习肌肉：臀大肌、臀中肌、臀小肌、股四头肌、阔筋膜张肌、股直肌、梨状肌。

注意事项：缓慢施力。

7. 大腿后群后侧牵拉

1

2

图 5-7　大腿后群后侧牵拉

动作方法：仰卧于垫上，两手自然放于体侧，左腿伸直抬起，右腿伸直放于垫上，同伴左腿锁住运动员右腿，右手控制左腿膝盖，左手控制左脚，向前施力牵拉直至最大，保持 5 ~ 10 秒，换另一侧练习，重复 3 ~ 5 组。（图 5-7）

练习肌肉：臀大肌、臀中肌、股二头肌、大收肌、髂胫肌。

8. 大腿后群内侧牵拉

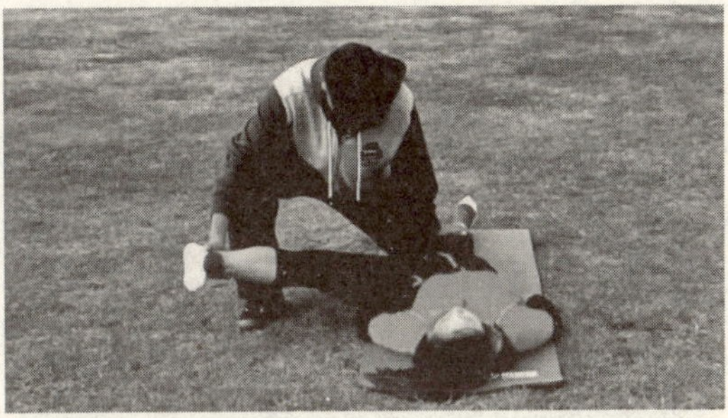

1

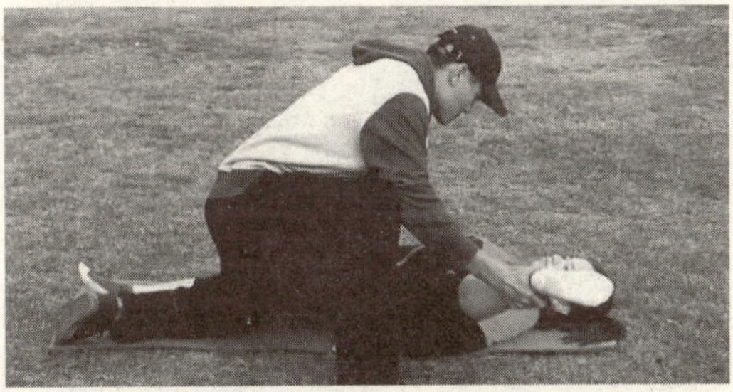

2

图 5–8　大腿后群内侧牵拉

动作方法：仰卧于垫上，两手自然放于体侧，左腿伸直抬起，右腿伸直放于垫上，同伴左手控制左腿膝盖，右手控制左脚，向右下施力牵拉直至最大，保持 5 ~ 10 秒，换另一侧练习，重复 3 ~ 5 组。（图 5–8）

练习肌肉：臀大肌、臀中肌、股二头肌、大收肌、髂胫肌。

注意事项：施力缓慢适当。

9. 大腿后群外侧牵拉

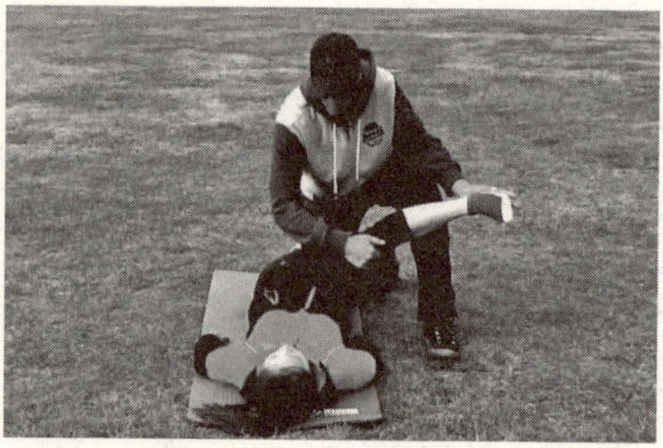

1

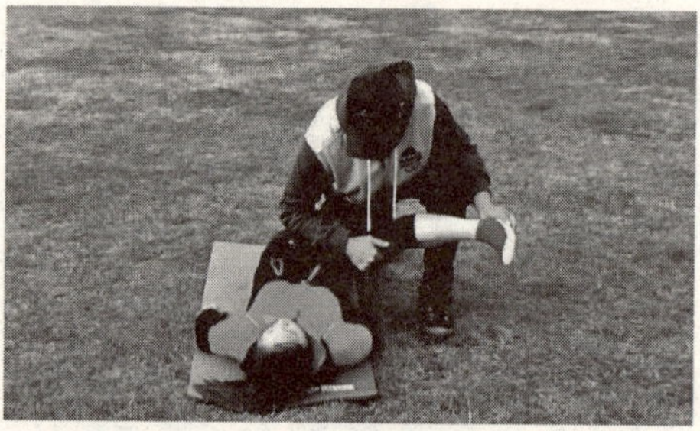

2

图 5-9　大腿后群外侧牵拉

动作方法：仰卧于垫上，两手自然放于体侧，左腿伸直抬起，右腿伸直放于垫上，同伴右腿锁住运动员右腿，右手控制左腿膝盖，左手控制左脚，向左下施力牵拉直至最大，保持 5～10 秒，换另一侧练习，重复 3～5 组。（图 5-9）

练习肌肉：臀大肌、臀中肌、股二头肌、大收肌、髂胫肌。

注意事项：施力缓慢适当。

10. 跟腱牵拉

1

2

图 5–10　跟腱牵拉

动作方法：仰卧于垫上，两手自然放于体侧，左腿伸直抬起约 60°，右腿伸直放于垫上，同伴左手从脚尖前握住脚掌，右手握住左脚跟，辅助右手适当施力下压牵拉跟腱，保持 5 ~ 10 秒，换另一侧练习，重复 3 ~ 5 组。（图 5–10）

练习肌肉：跟腱。

注意事项：施力者手掌与运动员脚掌相对，按压方向放正。

11. 大腿前群牵拉

1

2

图 5–11　大腿前群牵拉

动作方法：俯卧于垫上，右腿屈膝，左腿伸直，同伴在其体后，将运动员右腿膝盖放于同伴的大腿上支撑，左手握住脚踝，右手握住脚掌，压脚掌上提运动员大腿至适当位置，保持 5～10 秒，换另一侧练习，重复 3～5 组。（图 5–11）

练习肌肉：股四头肌、股直肌、缝匠肌。

注意事项：脚掌放正。

12. 腹斜肌牵拉

1

2

图 5–12　腹斜肌牵拉

动作方法： 俯卧于垫上，左腿伸直抬起，右腿伸直放于垫上，同伴右手与髋部锁住左腿膝盖，左手控制运动员左肩，向右下施力牵拉直至适当位置，保持 5 ~ 10 秒，换另一侧练习，重复 3 ~ 5 组。（图 5–12）

练习肌肉： 腹斜肌、前锯肌、阔筋膜张肌。

注意事项： 运动员左腿伸直，施力适当。

游戏篇

1. 铺石过河

活动目的：锻炼上肢、核心力量以及上下肢协调配合的能力。

活动准备：垫子4块，将学生分成人数相等的两队，每队两块垫子，画出宽20米的河。

活动方法：每个队员在规定的地点手拿两块垫子站在“河边”，发令后将手中的一个小垫放入“河中”并爬在上面，然后把另一个小垫放在前面对接位置，并爬上垫，爬稳后再回身拿起后一小垫继续前进，如此交替轮换前移，直至对岸后拿起两块垫子跑回交给同组下一名队员，以此类推，直至最后一名队员完成。用时最短队伍获胜。

活动规则：在游戏过程中始终保持垫子相互对接，只有垫子完全离开规定河区域，方可认为这名队员完成游戏。

2. 翻滚接力

活动目的：发展学生的灵敏性、柔韧性及协调性等身体素质。

活动准备：垫子20块，将学生分成人数相等的两队，每队10块垫子；将每10块垫子围成角相接且半径相同的圆。

活动方法：每个队员在规定的垫子上做连续前滚翻准备，老师站在两圆中间位置宣布开始，每个队员做完一圈后同另一个队员拍手为完成游戏，以此类推，直至最后一名队员完成。用时最短队伍获胜。

活动规则：在游戏过程中，始终保持在垫子上，如果掉下则从掉下那块垫子继续开始游戏。

3. 绝处逢生

活动目的： 发展学生快速反应能力，提高身体灵敏性。

活动准备： 以每班 20 名同学为例，将学生分成人数相等的两队，垫子 19 块，摆成不同的形状（各形状之间便于学生跑动）。

活动方法： 学生一路纵队做曲线慢跑，行进间做徒手体操和各种不同的动作，同时认真听教师的不同信号，如听到哨声迅速改变跑动方向，听到教师口令 1 时，迅速抢坐一块小垫子，先坐到小垫子的为获胜者，比赛中没抢到小垫子的将被淘汰，然后让小垫子的数量比人数少一块并重新摆好形状，继续进行比赛，在规定的轮次和时间内，看哪一队剩下的队员多为胜。

活动规则： 按口令进行游戏，在游戏过程中不允许挤掉已经抢占到垫子的同学。

4. 袋鼠赛跑

活动目的： 发展学生的腿部力量和快速奔跑跳跃的能力。

活动准备： 将学生分成人数相等的两队，每队给予相同数量的小垫子，将小垫子折叠成倒 V 字形，摆成不同的高度、不同的远度，但两队摆放应相同。

活动方法： 每个队员在规定的地点同时开始，学生根据自己不同的跳跃能力，选择不同的跳跃难度，学生还可尝试不同的跳跃方法，如单脚跳、双脚收腹跳、跳起空中转身等多种跳跃方法完成游戏，当学生完成最后一块垫子后跑回队伍同另一个队员拍手为完成游戏，以此类推，直至最后一名队员完成。用时最短队伍获胜。

活动规则：活动过程中不得触碰垫子，触碰者在触碰垫子前开始游戏。

5. 搬运工

活动目的：发展学生反应、移动、协调用力和团结合作的能力。

活动准备：将学生分成人数相等的两队，每队每两名学生一块体操垫，每队 10 个足球。

活动方法：在篮球场每半场的罚球半圆中放置每边的 10 个足球，学生站在自己的区域内，听到老师口令后将自己区域内的球用垫子运至对方区域，运至中线时可将球用垫子弹至对方区域。在规定时间内，哪边剩余球最少，哪支队伍获胜。

活动规则：球在运送过程中掉落时需捡起从掉落处继续游戏，游戏过程中不能用脚踢球，否则罚下队员。

图书在版编目(CIP)数据

垫上功能性组合训练 / 李建臣，周建梅，谭正则主编.
- 北京：人民体育出版社，2016（2020.8.重印）
（青少年功能性体能训练指导丛书）
ISBN 978-7-5009-4956-5

Ⅰ.①垫… Ⅱ.①李… ②周… ③谭… Ⅲ.①青少年-体能-身体训练 Ⅳ.①G808.14

中国版本图书馆 CIP 数据核字(2016)第 061737 号

*

人民体育出版社出版发行
三河兴达印务有限公司印刷
新 华 书 店 经 销

*

850×1168 32 开本 6 印张 150 千字
2016 年 11 月第 1 版 2020 年 8 月第 2 次印刷
印数:3,001—4,500 册

*

ISBN 978-7-5009-4956-5
定价:31.00 元

社址：北京市东城区体育馆路 8 号（天坛公园东门）
电话：67151482（发行部） 邮编：100061
传真：67151483 邮购：67118491
网址：www.sportspublish.cn